KB181187

국어 의향법 연구

저자 김승곤

· 한글학회 회장 및 재단이사 역임
· 건국대학교 문과대학 국어국문학과, 대학원 졸업
· 건국대학교 인문과학대학장, 문과대학장, 총무처장, 부총장 역임
· 문화체육부 국어심의회 한글분과위원 역임
· 주요저서:『관형격조사 '의'의 통어적 의미분석』(2007),『21세기 우리말 때매김 연구』
(2008),『21세기 국어 토씨 연구』(2009),『국어통어론』(2010),『문법적으로
쉽게 풀어 쓴 논어』(2010),『문법적으로 쉽게 풀어 쓴 향가』(2013),『국어
조사의 어원과 변천 연구』(2014),『21세기 국어형태론』(2015),『국어 부사
분류』(2017),『국어 형용사 분류』(2018) 등

국어 의향법 연구

© 김승곤, 2018

1판 1쇄 인쇄_2018년 06월 05일
1판 1쇄 발행_2018년 06월 15일

지은이_김승곤
펴낸이_이종엽

펴낸곳_글모아출판
등 록_제324-2005-42호

공급처_(주)글로벌콘텐츠출판그룹
　　　　대표_홍정표　　이사_양정섭　　편집디자인_김미미　　기획·마케팅_노경민
　　　　주소_서울특별시 강동구 풍성로 87-6(성내동) 글로벌콘텐츠
　　　　전화_02) 488-3280　팩스_02) 488-3281
　　　　홈페이지_http://www.gcbook.co.kr
　　　　이메일_edit@gcbook.co.kr

값 14,000원
ISBN 978-89-94626-67-3 93710

국어의 향법 연구

김승곤 지음

글모아출판

머리말

『국어 연결어미 연구』에 이어 의향법에 관하여서도 한번 통계를 내고 사전에서 조사해 보고 싶은 심정에서, 한글학회 지음『우리말 사전』에서 일일이 조사하고, 또 신문이나 다른 글에서 통계를 냄은 물론 글쓴이의 고향 사투리에서 쓰이는 종결어미 등을 다 모아 보니, 그 수는 참으로 많았다. 특히 지금까지 문법에서 다루어 왔던 '반말'에는 「-어-/-아-」, 「-지」의 두 가지가 있다고 하였으나 통계에 나타난 것을 보면 그 수는 너무도 많았음을 알게 되었다. '말이란 시대에 따라 그렇게 변화 발전하는구나' 하는 생각이 들었다. 그뿐만 아니라 이들 여러 어미 중에는 비종결어미 「-었-/-았-」, 「-겠-」, 「-시-」는 물론 이들의 복합형과도 같이 쓰이는 것이 많아, 실제로 그 수는 놀랄 만큼 많음을 알았다. 그래서 부족하지만 한 권의 책자로나마 간행하기로 마음을 먹고, 글모아출판사 사장님께 말씀 드렸더니 흔쾌히 승낙하여 주셔서 뜻한 바 소원을 이룰 수 있어, 기쁘기 한이 없다. 이 자리를 빌어서 양정섭 이사와 편집자 님께 고맙다는 말씀을 드린다. 하나 덧붙이고 싶은 것은 의향법 어미 하나하나에 대한 의미 설명을 하지 못한 것이 못내 아쉽다.

2018년 6월

지은이 김승곤

차례

제3장 맺는 말

부록: 국어의 대우법

제**1**장

서론

1. 의향법이란?

예스퍼슨의 『문법의 철학』에 따르면 서법을 사실법(fact-mood), 생각법(Thought-mood), 의지법(will-mood)이라 부르기도 한다. 그러나 Sweet가 말하고 있듯이 그것들은 "주어와 술어 간의 상이한 관계를 표현하는 것"은 아니다. 법의 선택이 실제 화자의 태도에 의해서 결정되는 것이 아니라, 절 그 자체의 성격과 그 절이 존속되어 있는 주절(main nexus)에 대한 관계에 의하여 결정되는 경우가 가끔 있지만, 그것들이 문단 내용에 대하여 화자가 갖는 어떤 심적 태도를 표시한다고 말하는 것이 훨씬 더 옳다. 나아가서 이와 같은 마음의 태도가 동사의 형태에 나타날 경우에만 '법'이라고 말한다는 것을 기억하는 것이 매우 중요하다. 그래서 통사적 범주이지 개념적 범주는 아니다.[1] 이와 같은 이론을 바탕으로 하여 허웅 교수는 서법

---

1) 예스퍼슨, 이석무·이한묵 공역(1987), 『문법철학』, 한신문화사, 424쪽 참조.

을 의향법이란 학술용어로 나타낸 것이다.

2. 국어의 의향법

국어의 의향법에는 평서법, 의문법, 명령법, 권유법의 넷이 있다. 이들 네 법에는 말할이의 들을이에 대한 신분 관계에 따라 몇 가지 대우법으로 나누게 되는데 이를 밝혀 보면 다음과 같다.

우리가 집이나 사회에서 어른을 대하여 말을 할 때는 아주 높여서 말하고 형이나 선배에게는 예사 높여서 말을 하며, 후배나 친구끼리는 예사 낮추어서 말하고 아랫사람에게는 아주 낮추어서 말을 하는데, 이런 어법을 대우법이라 한다. 옛날부터 어른들은 대우법을 우리말로 말대접이라 불러 왔기 때문에 여기서도 그렇게 부르기로 한 것이다. 대우법에는 집안에서 쓰는 집안어법과 사회에서 남남끼리 하는 남남어법의 두 가지가 있지만, 편의상 이들을 하나의 체계로 세워 다루기로 한다. 집안에서나 사회에서 어른을 높이어 공경스레하는 어법을 공경말이라 하고, 처질부, 처질녀, 고종의 며느리 등에 대하여 삼가는 어법을 삼가말이라고 하며 사회에서 성근 사람끼리 하는 어법을 성근말이라고 한다. 그리고 형제나 선·후배 사이, 부부 사이, 손아래 사람에 대하여 하는 어법은 말대접할 사람에 따라 예사 높여서 하는 어법과 예사 낮추어서 하는 어법과 아주 낮추어서 하는 어법 그리고 반어법 등이 있는데 이들 어법을 친근말이라 한다.

이를 표로 보이면 다음과 같다.

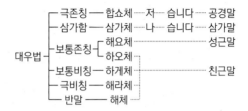

제2장

각 의향법에 따른 대우법

1. 평서법의 대우법

평서법은 말할이가 들을이에 대하여 자기가 하고 싶은 말을 해 버리는데 그치는 용언의 활용의 한 가지인데 들을이에 대한 말대접의 등분이 크게 일곱 가지로 나누임은 앞에서 설명하였다.

1.1. 평서법의 극존칭

평서법은 말할이가 들을이에 대하여 하고 싶은 말을 베풀어 말하는 의향법의 한 가지인데 말할이가 하는 말의 뜻에 따라 다음 몇 가지로 나눌 수 있다.

첫째, 말할이의 소원(기원)을 나타낸다.
둘째, 어른께 어떤 사실을 알리는 뜻을 나타낸다.
셋째, 권유하는 뜻을 나타낸다.

넷째, 말할이의 의사를 나타낸다.

이 '합쇼체'는 할아버지, 할머니, 큰할아버지, 큰할머니, 작은할아버지, 작은할머니, 아버지, 어머니, 큰아버지, 큰어머니, 작은아버지, 작은어머니나 아저씨, 고모아저씨, 이모아저씨 등 집안의 어른에 대하여 쓴다. 또 스승이나 사회의 웃어른께 대하여 쓰는 어법이다.

1.1.1. 말할이의 소원(기원)을 나타내는 '합쇼체'의 어미

1. 「-나이다」

이 어미는 존칭 중에서도 극존칭으로 글말, 특히 편지글이나 신이나 지위가 아주 높은 어른께 말을 할 때 쓰인다. 이 어미가 소원(기원)의 뜻으로 쓰일 때는 그 대상은 '신'이나 '하느님'이 된다. 이때는 비종결어미는 쓰일 수 없고 비는 주체는 말할이 자신이다.

(1) ㄱ. 비나이다. 비나이다. 신령님께 비나이다.
ㄴ. 비옵나이다. 비옵나이다. 하느님께 비옵나이다.

'비옵나이다'는 '비나이다'보다 더 간절하고 정중함은 물론이다.

2. 「-옵니이다/-옵니다」

이 어미에 의한 소원(기원)의 대상은 '신'이나 '하느님'임은 물론이요, 소원을 비는 이는 말할이 자신이다. 앞의 「-나이다」와 함께 비종결어미는 쓰일 수 없다. 소원을 나타내기 때문이다.

(1) ㄱ. 비옵니이다. 비옵니이다. 신령님께 비옵니이다.

  ㄴ. 비옵니다. 비옵니다. 신령님께 비옵니다.

3. 「-(사)오이다」

이 어미는 아룀의 뜻도 나타내지만, 동사 '믿다', '바라다' 등에 쓰일 때는 소원(기원)을 나타낸다.

(1) ㄱ. 저희들은 하느님만 믿사오이다.

  ㄴ. 신령님께 도와주시기를 바라오이다.

  ㄷ. 하느님께 소원하오이다.

위와 같은 문장에서는 비종결어미는 쓰일 수 없다.

4. 「-(사)옵나이다」

이 어미도 '믿다', '바라다', '소원하다', '기원하다' 등의 동사에 쓰이면 소원(기원)을 나타낸다.

(1) ㄱ. 하나님만 믿사옵나이다.

  ㄴ. 하나님, 도와주시옵기 바라옵나이다.

5. 「-겠습니다」

「-겠나이다」 어미들도 「-겠-」 때문에 '믿다'와 같이 쓰이면 소원을 나타낸다.

(1) ㄱ. 하나님만 믿겠습니다.

ㄴ. 하나님만 믿겠나이다.

이와 같이 「-자옵나이다/-자옵니다」도 소원을 나타낸다.

(2) ㄱ. 하나님만 믿자옵나이다.
ㄴ. 하나니만 믿자옵니다.

1.1.2. 아룀(전달, 보고)을 나타내는 '합쇼체'의 어미

이에는 「-는답니다/-ㄴ답니다」, 「-답니다」, 「-답디다」, 「-더니이다」, 「-더이다」, 「-더랍니다」, 「-랍니다」, 「-랍디다」, 「-러이다」, 「-옵니이다/-옵니다」, 「-ㅂ니다」, 「-옵디다」, 「-ㅂ디다」, 「-사옵니다」, 「-사오이다」, 「-사옵디다」, 「-습니다」, 「-습디다」, 「-올시다」, 「-올습니다」, 「-자옵나이다」, 「-자옵니다」, 「-자옵디다」 등이 있다.

1. 「-는답니다/-ㄴ답니다」

이 어미는 「-는(ㄴ)다 합니다」가 줄어서 된 것인데, 오늘날 하나의 어미로 쓰이고 있다. 이 어미는 과거에 남에게서 들은 말을 어른께 말하여 전하거나 어떤 느낌을 들은 대로 어른에게 베풀어 말할 때 쓰인다. 이 어미에는 비종결어미 「-었-/-았-」, 「-겠-」, 「-시-」 등이 쓰일 수 있다.

(1) ㄱ. 그는 요즈음 약을 잘 먹는답니다.
ㄴ. 올해는 이 밭에 감자를 심겠답니다.

ㄷ. 서울에는 벌써 눈이 많이 왔답니다.

ㄹ. 선생님은 내일 서울 가신답니다.

ㅁ. 이것이 보물이랍니다.

비종결어미 「-었-/-았-」과 「-겠-」이 쓰이면 「-는답니다」의 「-는/-ㄴ」은 줄어들며, 「-이다」에 쓰일 때는 「-랍니다」로 됨은 (1ㅁ)에서 보아 알 수 있다.

2. 「-는(ㄴ)답디다」

이 어미는 「-는다 합디다」가 줄어서 된 것으로 과거에 들은 말을 현재에 어른에게 베풀어 말할 때 쓰인다. 비종결어미 「-었-/-았-」, 「-겠-」과 같이 쓰이면 「-었(았)답디다」, 「-겠답디다」로 되고 「-이다」에 쓰이면 「-이랍디다」로 된다.

(1) ㄱ. 철수는 미국에서 잘 있답디다.

ㄴ. 그는 서울 집을 팔았답디다.

ㄷ. 철이는 방학이라 미국에서 벌써 돌아왔답디다.

ㄹ. 할아버지는 미국에 가신답디다.

ㅁ. 그는 곧 백만장자가 되겠답디다.

ㅂ. 철수가 영희는 의사랍디다.

(1ㅂ)의 「-랍디다」에는 「-었-/-았-」, 「-겠-」은 쓰일 수 없다.

3. 「-더니이다/-더이다」

「-더니이다」는 「-더이다」의 예스러운 말이라고 『우리말 사전』에서 설명하고 있다. 이 어미는 지난 사실을 돌이켜 생각하여 정중하게 또는 예스럽게 말할 때 쓰인다.

(1) ㄱ. 철이는 미국에서 잘 산다고 하더니이다.(하더이다.)

　　ㄴ. 참아, 그 참사에 대한 이야기를 들 수 없더이다.(없더니이다.)

　　ㄷ. 그 새가 "뵈오리"라는 새이더이다.(새이더니이다.)

　　ㄹ. 그는 일을 잘 하겠더이다.

　　ㅁ. 그 일은 이미 끝났더이다.(끝났더니이다.)

　　ㅂ. 아버지께서 서울에 가셨더이다.

　　ㅅ. 어른신은 잘 계시더이다.(계시더니이다.)

　　ㅇ. 그에 따르면 그것은 보물이었겠더이다.(보물이었겠더니이다.)

　　ㅈ. 그 일은 이미 끝났겠더이다.(끝났겠더니이다.)

「-더니이다/-더이다」는 「-리-」를 제외한 「-었-/-았-」, 「-겠-」, 「-시-」 등을 취할 수 있고 모든 서술어에 쓰이며 「-었겠-」과 같은 이 중 비종결어미도 취할 수 있다.

4. 「-더랍니다」

이 어미는 「-더라 합니다」가 줄어서 된 것으로 과거에 들은 사실을 현재에 어른에게 아뢸 때 쓰인다.

(1) ㄱ. 영희가 미국으로 가더랍니다.

　　ㄴ. 철수가 공항에서 영미를 만났더랍니다.

　　ㄷ. 시합에서 영희가 이기겠더랍니다.

　　ㄹ. 숙이가 아주 착하더랍니다.

ㅁ. 그때는 경기가 참 좋았더랍니다.

ㅂ. 미국의 경기도 좋겠더랍니다.

ㅅ. 그이는 지난날 부자였더랍니다.

ㅇ. 그녀는 장차 예쁜 신부이겠더랍니다.

이 어미는 모든 서술어에 다 쓰일 수 있고 비종결어미도 제약 없이 쓰인다.

5. 「-더랍디다」

이 어미는 「-더라 합디다」가 줄어서 된 것인데, 여기에는 「-더-」와 「-디-」가 두 개 겹쳐 있음이 특이하다. 앞의 「-더-」는 말할이가 전에 그의 상대로부터 들은 사실을 회상하여 말함을 나타내고 뒤의 「-디-」는 지금 말하는 사람이 어른께 과거에 들은 사실을 회상하여 직접 말함을 나타낸다. 이 어미는 비종결어미를 다 취할 수 있고 모든 서술어에 다 쓰일 수 있다.

(1) ㄱ. 그가 집에 있었더랍디다.

ㄴ. 그는 벌써 떠나고 없었더랍디다.

ㄷ. 그 어른은 훌륭한 학자였겠더랍디다.

ㄹ. 저 기사는 고장난 기계를 잘 수리하겠더랍디다.

ㅁ. 그 모임이 참으로 좋았더랍디다.

6. 「-랍니다」

이 어미는 동사에 오면 권유가 되는데, 아룀의 뜻으로는 「-이다/아니다」에 쓰일 때만 가능하다.

(1) ㄱ. 이것이 보석이랍니다.

ㄴ. 이것은 명저가 아니랍니다.

ㄷ. 10월 9일은 한글날로 국경일이랍니다.

ㄹ. 한글날은 국경일이라도 공휴일이 아니랍니다.

7. 「-랍디다」

이것은 「-라 합디다」가 줄어서 된 것으로 동사와 형용사에 쓰이면 「-라」는 명령법이 되고 「-디-」는 「-더-」의 어미화해 가는 형태이다. 이 어미는 「-시랍디다」로는 가능하다.

(1) ㄱ. 그는 학자랍디다.

ㄴ. 이것은 삼국유사의 진본이 아니랍디다.

ㄷ. 철수는 영희 더러 점잖으랍디다.

ㄹ. 철이는 영수를 보고 열심히 일하랍디다.

ㅁ. 할아버지께서 어서 오시랍디다.

8. 「-러이다」

이것은 「-이다/아니다」의 어간에만 쓰이는데 아마 「-이더이다」, 「아니더이다」의 「-더-」가 어간 「이-」「니-」 밑에서 「이러이다」, 「아니러이다」와 같이 「-러-」로 바뀌게 된 것으로 보인다. 비종결어미는 「-시-」만이 쓰이는데, 이때는 「-이시러이다」의 꼴로 된다.

(1) ㄱ. 그는 천하의 명공이러이다.

ㄴ. 그녀는 그리 예쁜 미인은 아니러이다.

ㄷ. 저 사람은 천하의 사기꾼이러이다.

ㄹ. 그는 훌륭한 학자가 아니러이다.

ㅁ. 할아버지는 이름 있는 애국자이시러이다.

ㅂ. 이곳은 유명한 싸움터이러이다.

9. 「-옵니이다」

이 어미는 모든 서술어의 어간에 다 쓰일 수 있다. 비종결어미는 「-시-」만이 쓰일 수 있다.

(1) ㄱ. 저는 이제 집으로 가옵니이다.

　　ㄴ. 할아버지는 미국으로 여행 가시옵니이다.

　　ㄷ. 아버지는 편안히 잘 계시옵니이다.

　　ㄹ. 이곳은 모두 잘 지내옵니이다.

　　ㅁ. 저희들은 잘 지내옵니이다.

　　ㅂ. 영희는 책을 읽으옵니이다.

10. 「-옵니다」

이 어미는 「-옵-」에 「니이다」가 줄어서 된 것이다. 「-옵니이다」가 더 공손하고 정중함은 물론이다. 이 어미에는 비종결어미 「-시-」만이 쓰일 수 있고 모든 서술어의 어간에 다 쓰일 수 있다.

(1) ㄱ. 이것이 보석이옵니다.

　　ㄴ. 선생님이 가시옵니다.

　　ㄷ. 날마다 좋은 말씀만 들으옵니다.

　　ㄹ. 전문 서적을 열심히 읽으옵니다.

　　ㅁ. 저는 선생님만 믿으옵니다.

11. 「-옵디다」

이 어미는 「-옵-」에 「-더이가」가 줄어서 된 것으로 받침 없는 어간에 붙어 극존칭의 종결어미로 쓰인다.

(1) ㄱ. 할아버지는 누어 계시옵디다.

ㄴ. 선생님은 잘 가르치시옵디다.

ㄷ. 그것은 사실이옵디다.

ㄹ. 그것은 사실이 아니옵디다.

ㅁ. 그 꽃나무는 키가 너무 크옵디다.

이 어미에는 비종결어미 「-시-」만이 쓰일 수 있다.

12. 「-읍(ㅂ)니다」

이 어미 중 「-읍니다」는 받침 있는 어간 다음에 쓰이고 「-ㅂ니다」는 받침 없는 어간 다음에 쓰인다. 비종결어미는 「-시-」가 쓰일 수 있고 주어 제약은 없다.

(1) ㄱ. 이것은 책입니다.

ㄴ. 아버지는 건강하십니다.

ㄷ. 저 학생이 참으로 착합니다.

ㄹ. 이곳은 산속이라 아주 조용합니다.

ㅁ. 글월을 받자오니 참으로 기쁩니다.

13. 「-ㅂ디다」

받침 없는 어간에 붙어 합쇼할 자리에 말할이가 보았거나 들었거

나 겪은 사실을 베풀어 말할 때 쓰이는 종결어미로서, 비종결어미
는 「-시-」만이 쓰일 수 있다.

(1) ㄱ. 철수는 그 일에 대하여 모른다고 합디다.

ㄴ. 그곳은 선거인데도 매우 조용합디다.

ㄷ. 할아버지께서는 잘 계십디다.

ㄹ. 거기는 참 좋은 곳입디다.

ㅁ. 철수는 키가 매우 큽디다.

14. 「-사옵니다」

이 어미는 「-사옵-」에 「-니이다」가 합하여 줄어진 것으로 비종
결어미는 「-었-/았-」, 「-겠-」만이 쓰이고 「-시-」는 쓰일 수 없다.
동사와 형용사의 받침이 'ㄷ, ㅅ, ㅆ, ㅈ, ㅊ, ㅌ, ㅍ, ㅎ'일 때 쓰인다.
그리고 「-사옵-」은 「-삽-」으로 줄여 쓰이는 일도 있다.

(1) ㄱ. 아이는 밥을 먹었사옵고 어른은 죽을 드셨사옵니다.

ㄴ. 일은 잘 되었삽고 그들은 조용히 돌아갔사옵니다.

ㄷ. 이번 일은 잘 되겠사옵고 앞날이 밝을 것 같사옵니다.

ㄹ. 할아버지는 잘 계셨사옵니다.

ㅁ. 그때 우리는 좋은 일도 찾았사옵고 집안도 차차 정리되어 갔사옵
니다.

15. 「-사오이다」

이것은 「-삽-」의 변이형태로 받침 있는 동사나 형용사에 쓰이며
비종결어미는 「-사-」를 제외하고 다 쓰일 수 있으며 동사에 따라

기원을 나타낼 수 있으나 아룀의 뜻으로 쓰이는 일이 많다.

(1) ㄱ. 저희는 잘 있사오이다.
    ㄴ. 영희는 작년에 결혼을 하였사오이다.
    ㄷ. 일이 잘 되었사오이다.
    ㄹ. 그는 일찍 미국으로 이민을 갔사오이다.
    ㅁ. 동수는 부자가 되었사오이다.

16. 「-사옵디다」
이 어미도 「-사옵니다」와 같이 동사와 형용사의 받침이 'ㄱ, ㄷ, ㅂ, ㅅ, ㅆ, ㅈ, ㅊ, ㅌ, ㅍ, ㅎ'일 때 쓰이는데 「-사옵-」에 「-더이다」 가 합하여 줄어서 된 것이다. 비종결어미는 「-었-/았-」, 「-겠-」만 이 쓰일 수 있다.

(1) ㄱ. 그들은 일을 잘 처리하겠사옵디다.
    ㄴ. 그들은 무난히 시험에 통과하였사옵디다.
    ㄷ. 영희는 너무 기동이를 믿사옵디다.
    ㄹ. 철수는 생고기를 지나치게 많이 먹사옵디다.
    ㅁ. 거기는 기후가 좋사옵디다.

이 어미는 「-디-」가 있기 때문에 과거에 경험한 것을 들은이에게 회고하여 말할 때 쓰이는 합쇼체임은 물론이다.

17. 「-습니다」
이 어미는 전에 「-읍니다」와 「-습니다」를 통합하여 하나로 통일

한 것으로 극존칭의 서술형 종결어미이다.

(1) ㄱ. 철수는 기분이 좋습니다.
    ㄴ. 우리는 점심을 먹습니다.
    ㄷ. 백두산은 높습니다.
    ㄹ. 우리는 열심히 일하였습니다.
    ㅁ. 비가 오겠습니다.

이 어미 바로 앞에는 비종결어미 「-시」는 쓰일 수 없다. 그러나 「-시었-」, 「-시겠-」 등으로는 쓰일 수 있다.

(2) ㄱ. 할아버지께서 가시었습니다.
    ㄴ. 아버지는 건강하시겠습니다.
    ㄷ. 그는 돈을 많이 벌었겠습니다.

18. 「-습디다」
이 어미는 받침 있는 각 어간이나 「-었-/-았-」, 「-겠-」 다음에 붙어 과거에 경험한 것을 베풀어 말할 때 쓰인다. 그 바로 앞에 「-시-」는 쓰일 수 없지만, 「-시었-」, 「-시겠-」 등과 같이는 쓰일 수 있다.

(1) ㄱ. 철수는 이미 떠났습디다.
    ㄴ. 영희는 입시에 합격하였겠습디다.
    ㄷ. 우리 축구팀이 이기겠습디다.
    ㄹ. 그는 벌써 미국에 도착하였습디다.

19. 「-올시다」

이 어미는 「-이다/아니다」의 어간에 붙어 쓰이는 극존칭의 서술형 종결어미로서 그 앞에 비종결어미는 쓰일 수 없다.

(1) ㄱ. 이것은 보석이올시다.

ㄴ. 저것은 소중한 책이올시다.

ㄷ. 우리 아버지는 대통이올시다.

이 어미를 다시 「-올습니다」로 하여 쓰는 사람이 있다. 방언적인 것으로 볼 수 있겠다.

(2) ㄱ. 좋은 책이올습니다.

ㄴ. 이것이 보석이올습니다.

ㄷ. 우리 아버지는 대통령이올습니다.

20. 「-자옵나이다」

이 어미는 「-잡-」과 「-자오-」가 뒤섞여 된 말로서 어간의 받침이 'ㄷ, ㅈ, ㅊ' 등이고 파열자음으로 시작되는 연결어미 앞에 쓰이기도 하나 「-나이다/-니다」의 앞에 쓰이어 종결어미가 된다. 비종결어미는 쓰이지 못한다.

(1) ㄱ. 고향 소식을 자주 듣자옵나이다.

ㄴ. 그는 자주 이곳을 찾자옵나이다.

ㄷ. 우리는 그를 가끔 쫓자옵나이다.

21. 「-자옵니다」

이 어미 역시 앞의 「-자옵나이다」와 같은 조건하에 쓰인다.

(1) ㄱ. 고향 소식을 자주 듣자옵니다.

ㄴ. 그는 자주 이곳을 찾자옵니다.

ㄷ. 저희는 자주 아버지의 글월을 받자옵니다.

이 어미 앞에는 비종결어미는 쓰일 수 없다.

22. 「-자옵디다」

이 어미는 「-잡-」과 「-자오」가 뒤섞이고 거기에 「-디다」가 합하여 이루어진 것으로 과거에 경험한 것을 들은이에게 전하는 종결어미이다. 비종결어미는 물론 쓰일 수 없다.

(1) ㄱ. 영희는 자주 고향 소식을 듣자옵디다.

ㄴ. 철수는 자기 고향을 자주 찾자옵디다.

23. 「-로소이다」

이 어미는 「-올시다」의 예스러운 말로 더 정중한 뜻을 띠는 말이다.

(1) ㄱ. 창세 전부터 아버지께서 나를 사랑한 것이로소이다.

ㄴ. 만천하 독자시여, 나는 무영탑의 작가가 아니로소이다.

ㄷ. 나는 왕이로소이다.

ㄹ. 당신은 우리의 구세주로소이다.

이 어미는 「-이다」, 「아니다」에 쓰이며 비종결어미는 쓰이지 않는 듯하며 주어는 제약이 없는 듯하다.

1.1.3. 권유의 뜻을 나타내는 '합쇼체'의 어미

이에는 「-으랍니다」, 「-랍니다」 등이 있다.

1. 「-으랍니다」
이 어미는 「-으라 합니다」가 줄어서 된 것으로 서술어의 어간이 폐음절일 경우에 쓰이면서 동사나 자제 가능한 형용사에 쓰이면 명령법이 된다. 이 어미는 「-이다」, 「아니다」에는 쓰일 수 없다. 뜻이 달라지기 때문이다.

(1) ㄱ. 선생님이 이것을 받으랍니다.

　　ㄴ. 아버지가 이 책을 읽으랍니다.

　　ㄷ. 할아버지가 이 선물을 받으랍니다.

비종결어미 「-었-/-았-」, 「-겠-」은 쓰일 수 없다.

2. 「-랍니다」
이 어미는 「-라 합니다」가 줄어서 된 것이다. 이 어미는 개음절 어간 밑에 쓰인다.

(1) ㄱ. 그는 철수를 서울에 가랍니다.

　　ㄴ. 철수는 영희에게 착하랍니다.

ㄷ. 공부를 열심히 하랍니다.

(1ㄱ)의 '가랍니다'를 분석하면 '가라 합니다'로 되고 (1ㄴ)의 '착하랍니다'는 '착하라 합니다'가 되며 (1ㄹ)의 '하랍니다'는 '하라 합니다'가 되는데, 「-라」는 명령법이 되고 '합니다'는 '말하다'가 되므로 전체적으로는 권유의 뜻이 된다. 그리고 이 어미에는 비종결어미는 쓰일 수 없다.

1.1.4. 의도의 뜻을 나타내는 '합쇼체'의 어미

이에는 「-(으)렵니다」, 「-겠사옵니다」, 「-겠사오이다」, 「-겠습니다」 등이 있다.

1. 「-으렵니다/-렵니다」
「-으렵니다」는 개음절에 쓰이고 「-렵니다」는 폐음절에 쓰인다.

(1) ㄱ. 저는 서울로 가렵니다.
　　ㄴ. 저는 그녀를 믿으렵니다.
　　ㄷ. 서울로 이사하렵니다.

이 어미는 「-려 합니다」가 줄어서 된 것으로 「-려」가 의도를 나타내고 '합니다'는 보고하면서 일종의 의도도 내포되어 있다. 비종결어미는 쓰일 수 없다.

2. 「-겠사옵니다」

이 어미가 의도(의사)를 나타내는 것은 「-겠-」 때문이다. 주어는 사람의 명사일 때이다.

(1) ㄱ. 저는 이만 물러가겠사옵니다.

ㄴ. 저는 이 책을 읽겠사옵니다.

ㄷ. 오늘은 이만 그치겠사옵니다.

3. 「-겠사오이다」

이 어미도 앞의 어미와 같이 「-겠-」 때문에 의도(의사)를 나타내게 되는 것이다. 주어는 사람의 명사일 때이다.

(1) ㄱ. 오늘은 여기에서 머물겠사오이다.

ㄴ. 제가 하겠사오이다.

ㄷ. 그녀를 사랑하겠사오이다.

4. 「-겠습니다」

이 어미도 앞의 어미와 같이 「-겠-」 때문에 말할이의 의도(의사)를 나타내게 된다.

(1) ㄱ. 저는 이만 가겠습니다.

ㄴ. 이것을 선물로 드리겠습니다.

ㄷ. 저는 학교에서 공부하겠습니다.

1.2. 평서법의 보통존칭

보통존칭을 형, 선배, 처형, 처제 등에 대하여 하는 어법으로 다음 세 가지 뜻으로 쓰인다.

1.2.1. 의도를 나타내는 '하오체'의 어미

이에는 「-려오」, 「-으리다」, 「-ㅂ죠」, 「-겠습지오/-겠습죠」, 「-겠소」, 「-지요」, 「-겠사오이다」 등이 있다. 만일 「-겠-」을 붙인다면 더 있을 수 있으나 여기서는 이 정도만 다루기로 한다.

1. 「-(으)려오」
이 어미는 「-려 하오」가 줄어서 된 것으로 비종결어미는 쓰일 수 없다.

(1) ㄱ. 나는 떡국을 먹으려오.

ㄴ. 나는 부처님을 믿으려오.

ㄷ. 나는 영국으로 떠나려오.

이 어미는 물음의 뜻으로도 쓰일 수 있다.

(2) ㄱ. 당신도 가시려오?

ㄴ. 무슨 일을 하려오?

ㄷ. 같이 가시려오?

위의 (1)에서 보면 주어는 2~3인칭은 불가능하다. 왜냐하면 이 어미는 의도를 나타내기 때문이다. (2)에서 보면 주어가 2인칭이 되니까 물음의 뜻을 나타낸다.

2. 「-(으)리다」

이 어미는 1인칭의 의도를 나타낸다. 따라서 비종결어미는 쓰일 수 없다.

(1) ㄱ. 나도 같이 가리다.

　　 ㄴ. 나는 여기서 일하리다.

　　 ㄷ. 제가 솔직하게 말하리다.

　　 ㄹ. 저도 열심히 해 보리다.

이 어미가 2인칭과 3인칭의 주어에 쓰일 때는 추측을 나타낸다.

(1) ㄱ. 내일이면 그가 오리다.

　　 ㄴ. 단풍이 들면 아름다우리다.

　　 ㄷ. 그는 착한 학생이리다.

3. 「-ㅂ죠」

이 어미는 「-ㅂ지요」의 준말인데 받침 아래에서는 「으」를 필요로 하나 대개 「-습지요」로 잘 쓰인다. 주어가 1인칭일 때에 의지를 나타낸다. 따라서 비종결어미 「-었-/-았-」이 쓰이면 서술이 되고 1인칭 주어에는 「-시-」는 쓰일 수 없다.

(1) ㄱ. 이 일은 제가 합죠.

　　ㄴ. 제가 말아 합죠.

　　ㄷ. 이것은 제가 먹습죠.

이 어미가 쓰인 문장에서 주어가 2인칭이나 3인칭이 되면 서술을 나타낸다.

4. 「-겠소」

이 어미는 의지를 나타내는 비종결어미 「-겠-」과 종결어미 「-소」 가 합하여 된 것으로 엄밀히 말하면 어미 바꿈의 종결어미는 아니 지만 의지를 나타내므로 여기에서 다루기로 한다.

(1) ㄱ. 이 일은 내가 하겠소.

　　ㄴ. 나는 내일 서울에 가겠소.

　　ㄷ. 오늘, 나는 집에서 쉬겠소.

「-소」는 서술의 뜻으로는 「-쇠다=소이다」의 형식으로 쓰이나 「-겠-」을 취할 때는 「-겠소이다」로는 쓰이나 「-겠쇠다」로는 쓰이지 않는다.

(2) ㄱ. 나는 가겠소다.

　　ㄴ. 나는 내일 미국으로 떠나겠소이다.

　　ㄷ. 나는 여기서 공부하겠소이다.

　　ㄹ. 나는 밥을 먹소.

5. 「-지요」

이 어미는 1인칭 주어의 서술어미로 쓰일 때는 문맥에 따라 의지를 나타내기도 하고 서술을 나타내기도 한다. 여기서는 의지를 나타내는 보기만 들기로 한다. 비종결어미는 쓰일 수 없다.

(1) ㄱ. 나도 같이 가지요.

ㄴ. 나는 여기서 머물지요.

ㄷ. 나는 이 주막에서 한잔 하지요.

이 어미는 「-지」에 높임의 특수조사 「-요」가 덧붙어 된 것이다.

1.2.2. 느낌을 나타내는 '하오체'의 어미

이에는 「-구려」, 「구료」, 「-라오」 등이 있다.

1. 「-구려/-구료」

이 어미는 느낌이나 깨달음을 나타내는 종결어미로 현재를 나타내는 동사에 쓰일 때는 「-는구려」로 쓰인다. 비종결어미를 취할 수 있고 주어 제약은 없다.

(1) ㄱ. 비가 오는구려.

ㄴ. 당신도 가시겠구려.

ㄷ. 나도 기분 좋구려.

ㄹ. 벌써 가을이구려.

ㅁ. 싸구려, 싸구려 울릉도 호박씨이야!

ㅂ. 이 옷이 싸구료.

ㅅ. 단풍이 참으로 아름답구료

2. 「-라오」

이 어미는 「-라 하오」가 줄어서 된 것으로 「-이다/아니다」의 어간에 붙어 간곡하거나 감탄스러움을 나타내는데, 비종결어미는 쓰일 수 없다.

(1) ㄱ. 이곳은 참으로 살기 좋은 곳이라오.

ㄴ. 그의 말로는 이것이 제일 좋은 것이라오.

ㄷ. 여기가 살기 좋은 내 고향이라오.

ㄹ. 이번 일은 그렇게 놀랄 일이 아니라오.

ㅁ. 이 일은 그의 잘못이 아니라오.

3. 「-고요」

이 어미는 동사, 형용사에 쓰이어 느낌을 나타낸다.

(1) ㄱ. 너냥 나냥 둘이둥실 놀고요, 낮이 낮이나 밤이 밤이나 참사랑이로구나.

ㄴ. 기분이 좋고 말고요.

ㄷ. 나도 같이 놀고 말고요.

ㄹ. 한우산도 아름답고요, 자굴산도 아름답고 말고요.

1.2.3. 서술을 나타내는 '하오체'의 어미

이에는 「-고요」, 「-다오/-라오」, 「-는대요/-ㄴ대요」, 「-소이다」, 「-오이다」, 「-소」, 「-습죠/-ㅂ죠」, 「-어요/-아요」, 「-요」, 「-오」, 「-예요」, 「-지요」 등이 있다.

1. 「-고요」

이 어미는 「-고」에 높임의 특수조사 「-요」가 합하여 된 것으로 위에서 본 바와 같이 「-고요」 단독으로도 쓰이나 종결어미 「-(는)다」 뒤에 쓰이어 단정의 뜻을 나타낸다. 비종결어미는 쓰일 수 없고 서술어 제약은 없다.

(1) ㄱ. 이곳에는 봄이 벌써 왔다고요.

ㄴ. 그대는 착하다고요.

ㄷ. 이것이 신라의 금관이라고요.

ㄹ. 이 길이 험하다고요.

ㅁ. 그는 매일 아침 우유를 마신다고요.

위 보기의 말들은 좋은 어투는 아니지만 요즈음 입말에서 쓰이고 있는데, 이런 말은 앞으로 삼가야 할 것이다. 「-이다/아니다」에 쓰이면 「-라고요」로 된다.

2. 「-다오/-라오」

「-다오」는 「-다 하오」가 줄어서 된 것이요, 「-라오」는 「-라 하오」가 풀어서 된 것이다. 「-다오」는 동사와 형용사에 쓰이고 「-라오」

는 「-이다/아니다」에 쓰인다. 비종결어미도 쓰일 수 있다.

(1) ㄱ. 당신은 참으로 아름답다오.

   ㄴ. 나는 어제 그의 편지를 받았다오.

   ㄷ. 그는 어제 미국으로 갔다오.

   ㄹ. 내일은 비가 오겠다오.

   ㅁ. 그는 그때 학생이었다오.

   ㅂ. 그이는 장사가 아니라오.

3. 「-다오/-ㄴ다오/-는다오」

「-다오」는 형용사에 쓰이고 「-ㄴ다오/-는다오」는 동사에 쓰인다. 앞의 「-다오」는 동사의 경우 비종결어미가 올 때 쓰이고 「-라오」는 「-이다/아니다」에 쓰이나 여기의 「-다오」는 현재의 형용사에, 「-ㄴ다오/-는다오」는 현재의 동사에 쓰이는 점이 다르다.

(1) ㄱ. 아버지는 서울 가신다오.

   ㄴ. 거기는 지금 비가 온다오.

   ㄷ. 그대는 참으로 아름답다오.

   ㄹ. 당신은 일을 잘 한다오.

   ㅁ. 나는 내일 미국으로 떠난다오.

(1ㄱ~ㅁ)에서 보면 주어 제약은 없음을 알 수 있다.

4. 「-대요/-ㄴ대요/-는대요/-래요」

「-대요」는 「-다해요」가 줄어서 된 것이요. 「-ㄴ대요/-는대요」는

「-는(ㄴ)다 해요」가 줄어서 된 것이다. 「-대요」는 형용사에, 「-ㄴ대요/-는대요」는 받침의 유무에 따라 동사에 쓰인다. 「-래요」는 「라 해요」가 줄어서 된 것으로 「-이다/아니다」에 쓰인다. 「-대요」와 「-ㄴ대요/-느내요」에는 비종결어미 「-었-/-았-」, 「-겠-」이 쓰일 수 있는데 그때는 어미가 모두 「-대요」로만 된다.

「-래요」에는 비종결어미는 쓰이지 못한다.

(1) ㄱ. 이것이 운석이래요.

　　ㄴ. 그는 대학생이 아니래요.

　　ㄷ. 금강산이 아름답대요.

　　ㄹ. 그는 공부를 잘 한 대요.

　　ㅁ. 그는 벌써 도시락을 먹었대요.

　　ㅂ. 철수는 오늘 상을 받는대요.

　　ㅅ. 철민이는 시험에 합격하였대요.

5. 「-소이다」

사전에 따르면, 이 어미는 "「-사오이다」의 준말로서 좀 가볍게 쓰는 서술형 종결어미"라고 설명되어 있다. 그러므로 극존칭은 아니다.

(1) ㄱ. 나는 책을 읽소이다.

　　ㄴ. 그대는 잘 왔소이다.

　　ㄷ. 이 책은 재미있소이다.

　　ㄹ. 이 옷은 좀 작소이다.

　　ㅁ. 그는 훌륭한 학자였소이다.

ㅂ. 나는 이만 가겠소이다.

이 어미는 비종결어미 「-었-/-았-」, 「-겠-」을 취할 수 있음은 위의 예로 보면 알 것이다.

6. 「-오이다」
사전에서 보면 이 어미는 「-옵니다」보다 좀 예스러운 말로 풀이 되어 있다. 줄여서 「-외다」로도 쓰인다.

(1) ㄱ. 참으로 감사하오이다.
    ㄴ. 이것이 보석이외다.
    ㄷ. 그는 씩씩하오이다.
    ㄹ. 그대는 참으로 좋은 분이오이다.
    ㅁ. 나는 이만 가오이다.

7. 「-소/-오」
이 어미 중 「-소」는 동사와 형용사의 폐음절 밑에 쓰이고 「-오」는 개음절 밑에 쓰이는데, 폐음절 밑에 쓰이면 「-으오」가 된다. 그런데 「-소」는 남쪽 지방에서 많이 쓰이는 것 같고 「-오」는 중부 지방에서 주로 쓰는 것 같다.

(1) ㄱ. 나는 당신만 믿소.
    ㄴ. 어제는 비가 많이 왔소.
    ㄷ. 나는 돈이 없소.
    ㄹ. 나는 이만 가오.

ㅁ. 밖에는 눈이 오오.

ㅂ. 차차 날씨가 맑으오.(맑소.)

「-소」와 「-오」는 「-겠-」을 취하면 의사를 나타내고 그렇지 않고서는 서술 이외에 물음과 권유의 뜻으로도 쓰인다. 이 어미 「-소」는 비종결어미를 취할 수 있으며 주어 제약은 없다.

(2) ㄱ. 그는 어제 갔소.

ㄴ. 하늘이 맑았소.

ㄷ. 비가 오겠소.

ㄹ. 당신은 착하오.

ㅁ. 당신은 공부를 참 잘 하오.

8. 「-습죠/-습지요」

「-습죠」는 「-습지요」의 준말이고 「-습지요」는 받침 있는 각 어간에 붙어 서술을 나타낸다. 문맥에 따라서는 물음을 나타내는데, 이 경우는 '의문법조'를 참조하기 바란다.

(1) ㄱ. 다들 잘 있습지요.

ㄴ. 나는 작년에 서울에 갔습지요.

ㄷ. 철이는 너무나 마음이 밝습지요.

ㄹ. 이것이 책이었습죠.

ㅁ. 당신은 나의 둘도 없는 벗이었습지요.

ㅂ. 그대는 나를 믿습죠.

이 어미 「-습지요」는 「-지요」보다는 좀 더 높임의 뜻이 있다.

9. 「-어여/-아요/-요」

이 어미는 반말의 어미 「-어-/-아」에 높임의 특수조사 「-요」가 와서 된 것으로 서술이나 물음, 시킴, 권유 등을 나타내나 여기서는 서술의 뜻으로 쓰이는 보기만 들기로 한다. 「-시-」, 「-었-/-았-」, 「-겠-」 등을 취할 수 있다. 「-겠-」을 취하면 의도나 추측을 나타내게 된다. 「-요」는 개음절 밑에 쓰인다.

(1) ㄱ. 나는 벌써 점심을 먹었어요.

ㄴ. 그는 아까 갔어요.

ㄷ. 서울에는 어제 비가 왔어요.

ㄹ. 당신은 학창시절에 공부를 열심히 하였어요.

ㅁ. 나는 내일 학교에 가겠어요. (의사)

ㅂ. 모래는 비가 많이 오겠어요. (추측)

ㅅ. 철수는 여기 있어요.

ㅇ. 날씨가 맑아요.

ㅈ. 나는 가요.

ㅊ. 잘 놀아요.

(1ㅊ, ㅋ)과 같은 표현은 서울에서 어린이에게 대하여 어른들이 친밀하게 또는 귀엽게 쓰는 어법인데, 일반적으로 「-어요/-아요」는 성근말로서 어른이 젊은이에게 쓰는 어법이다. 그러므로 젊은 이나 자녀들이 부모나 어른에 대하여 하는 어법은 아니니 주의하여야 한다.

10. 「-지요」

이 어미는 앞의 '의도부'에서 다루었는데, 여기서는 서술의 경우를 다룸에 유의하기 바란다. 비종결어미를 취할 수 있고 주어 제약은 없다. 서술어도 제약 없이 쓰인다. 이에 의한 어법도 집안의 어른이나 사회의 어른에 대하여는 써서 안 되고, 다만 자기와 대등한 사람이나 어른이 젊은이에 대하여 하는 어법이다.

(1) ㄱ. 가을에는 단풍이 들어 참으로 아름답지요.
    ㄴ. 세상살이가 다 그런 법이지요.
    ㄷ. 그는 한 달에 삼백만 원을 받지요.
    ㄹ. 선생님은 이미 떠나셨지요.
    ㅁ. 당신은 참으로 아름다웠지요.

1.3. 평서법의 보통비칭

이 어법은 형이 아우에게 선배가 후배에게 대하여 하는 어법으로 '의도', '서술', '추측', '약속', '권유', '느낌' 등의 뜻으로 쓰인다.

1.3.1. 의도를 나타내는 '하게체'의 어미

이에는 「-겠네」, 「(으)려네」, 「-으리」 등이 있다.

1. 「-겠네」

이 어미는 「-겠(의도)」에 서술의 「-네」가 합하여 된 것으로 엄밀하게 말하면 활용의 본래의 형태는 아니다.

(1) ㄱ. 나는 여기서 일을 하겠네.

ㄴ. 나는 내년에 미국에서 공부하겠네.

ㄷ. 우리는 정의를 위하여 싸우겠네.

이때는 주어가 1인칭일 때이고 비종결어미는 쓰일 수 없다. 서술어는 동사에 한한다.

2. 「-으려네」

이것은 「-으려 하네」가 줄어서 된 것으로 비종결어미는 「-시-」만이 가능하다.

(1) ㄱ. 나는 내일 유럽에 가려네.

ㄴ. 그도 내일 서울 가려네.

ㄷ. 내일 비가 오려네.

ㄹ. 아버지는 내일 서울 가시려네.

의도를 나타내는 경우, 주어가 3인칭일 때는 어쩌면 추측으로도 보이나 의도로 보아 크게 잘못은 없을 것 같아 같이 다루었다.

3. 「-으리」

이 어미가 의사를 나타낼 때는 주어는 1인칭이어야 하고 그 이외의 경우는 느낌이나 추측의 뜻을 나타낸다.

(1) ㄱ. 나는 그를 믿으리.

ㄴ. 다시는 그런 짓은 하지 않으리.

ㄷ. 나는 그의 은혜를 잊지 않으리.

이 어미에는 비종결어미는 쓰이지 않는다.

1.3.2. 서술을 나타내는 '하게체'의 어미

이에는 「-네」, 「-는다네」, 「-더니」, 「-데」, 「-을세」, 「-라네」, 「-로세」, 「-이」, 「-으니」 등의 어미가 있다.

1. 「-네」
이 어미에는 비종결어미가 올 수 있고 주어 제약은 없다.

(1) ㄱ. 나는 여기서 일하네.
　　ㄴ. 자네는 좋은 일을 많이 하였네.
　　ㄷ. 할아버지는 자주 놀러 가시네.
　　ㄹ. 영미는 매일 열심히 공부하고 있네.

2. 「-는다네」
이 어미는 「-는다 하네」가 줄어서 된 것으로 비종결어미는 「-시-」만이 쓰인다. 형용사에 쓰일 때는 「-다네」로 되고 주어 제약은 없다. 이 어미는 서술, 정다움 또는 방관적인 태도를 나타낸다.

(1) ㄱ. 나는 여기서 일을 하고 산다네.
　　ㄴ. 자네는 언제나 착하기만 하다네.
　　ㄷ. 이것이 보석이라네.

ㄹ. 선생님은 내일 출장 가신다네.

ㅁ. 그는 어제 미국으로 떠났다네

ㅂ. 10월 말쯤 돌아오겠다네.

「-는다네」 앞에 비종결어미 「-시-」, 「-었-/-았-」, 「-겠-」이 오
면 「-는」은 없어지고 「-다네」만이 쓰이는데 그 까닭은 「-었-/-았-」,
「-겠-」과 때매김이 맞지 않은 것과 발음상의 이유 때문이다. 주어
와 서술어 제약은 없다.

(1) ㄱ. 나는 여기서 산다네.

ㄴ. 정이월 다가면 삼월이라네.

ㄷ. 선생님은 내일 출장 가신다네.

ㄹ. 자네는 착하기만 하다네.

3. 「-더니」

이 어미는 어간에 붙어 과거에 경험한 사실을 돌이켜 일러주는
종결어미로 비종결어미는 쓰일 수 있다. 주어 중 1인칭은 잘 쓰이지
못하는데, 그것은 「-더-」 때문이다.

(1) ㄱ. 자네는 건강하더니.

ㄴ. 그는 매일 일만 하더니.

ㄷ. 낮에는 비가 오겠더니.

ㄹ. 선생님은 유럽에 가시더니.

ㅁ. 전에는 이 연못에서 고기가 잘 낚이더니.

ㅂ. 그도 지난날 잘 살았더니.

4. 「-데」

경험한 지난 일을 돌이켜 나타내는 서술형 종결어미로 주어로 1인칭은 잘 쓰이지 못한다. 서술어 제약은 없다.

(1) ㄱ. 철수가 그런 말을 하데.

ㄴ. 내일은 눈이 온다 하데.

ㄷ. 기일이 지나서도 관청에서는 세금을 받데.

ㄹ. 철이는 테니스 시합에서 이기겠데.

ㅁ. 그들은 나보다 먼저 그것을 구경하였데.

ㅂ. 아버지는 제일 먼저 가셨데.

ㅅ. 그가 보낸 것은 책이데.

ㅇ. 그곳은 경치가 좋데.

5. 「-ㄹ세(쎄)」

이 어미는 「-이다/아니다」의 어간에 붙어 쓰이기도 하나 동사, 형용사의 어간에 쓰이기도 한다. 비종결어미는 「-시-」만이 쓰이지만 「-었-/았-」이 쓰일 때는 「-을세」가 된다. 이 어미는 문장에 따라, 느낌, 추측, 가능성을 나타내나 여기서는 서술의 보기만을 들기로 한다.

(1) ㄱ. 잘못한 것은 그가 아닐세.

ㄴ. 거기에 있었던 사람은 바로 날세.

ㄷ. 그는 대학 교수일세.

ㄹ. 영희는 학생이 아닐세.

「-ㄹ세(쎄)」가 서술의 뜻으로 쓰일 때는 서술어가 「-이다/아니다」일 때이고 동사나 형용사가 되면 느낌이나 추측을 나타낸다.

6. 「-로세」

이 어미는 「-이다/아니다」의 어간에 붙어 「-ㄹ세」에 비하여 서술이나 느낌을 좀 예스럽게 나타낸다. 비종결어미는 「-시-」만이 쓰이고 주어 제약은 없는 듯하다.

(1) ㄱ. 나도 그 모임의 회원이로세.

ㄴ. 자네는 회원이 아니로세.

ㄷ. 철수는 국회의원이로세.

ㄹ. 선생님은 이 모임의 어른이시로세.

ㅁ. 나는 국화만 사랑함이 아니로세.

(1ㄱ~ㅁ)의 보기는 느낌보다는 서술의 뜻으로 이해된다. 느낌의 뜻으로 이해되기 위해서는 앞뒤 문장에 따라서 정해야 할 것 같다.

7. 「-이」

받침 없는 동사나 형용사의 어간에 붙어 서술을 나타낸다.

(1) ㄱ. 자네는 아주 노래를 잘 하이.

ㄴ. 그대는 키가 아주 크이.

ㄷ. 요사이 날씨가 꽤 차이.

ㄹ. 나는 서울 가이.

이 어미는 옛말투여서 현대에는 잘 쓰이지 않는데, 어떻게 보면, 반말어미처럼 보인다. 이 어미는 주로 중부지방에서 많이 쓰이는 듯하다.

8. 「-으니」

주로 받침 있는 어간에 붙어 하게 할 자리에 쓰이는 종결어미로 비종결어미는 쓰이지 아니하며 주어 제약은 없는 듯하다.

(1) ㄱ. 동해는 물이 맑으니

ㄴ. 술 깨기에는 꿀물이 좋으니

ㄷ. 나는 머리가 둔하니

ㄹ. 자녀는 총기가 좋으니

ㅁ. 영희는 소견이 없으니

ㅂ. 그는 말이 별로 없으니

1.3.3. 추측의 뜻을 나타내는 '하게체'의 어미

「-겠네」, 「-겠더니」, 「-겠데」, 「-으리」, 「-을세」, 「-려니」 등이 있다.

1. 「-겠네」

이 어미는 「-겠-」 때문에 추측의 뜻을 나타낸다. 따라서 엄밀한 뜻에 있어서 추측의 어미로 보기는 어렵다.

(1) ㄱ. 나도 장차 훌륭한 사람이 되겠네.

ㄴ. 자네는 인기가 좋아서, 국회의원에 당선되겠네.

ㄷ. 영미는 훌륭한 신부감이겠네.

ㄹ. 봄이면 이곳은 경치가 참 좋겠네.

ㅁ. 그는 미국에서 크게 성공하였겠네.

(1ㅁ)에서 보면 「-겠-」 앞에 「-었-」이 오니까 과거나 완료의 추측을 나타내게 됨을 알 수 있다.

2. 「-겠더니」

이 어미도 「-겠-」 때문에 추측을 나타낸다.

(1) ㄱ. 어제는 비가 많이 오겠더니

ㄴ. 이번 시합에서 그가 이기겠더니

ㄷ. 영희가 예쁘겠더니

ㄹ. 그대가 로스엔젤레스에서 잘 살았겠더니

ㅁ. 아버지가 너를 믿으시었겠더니

「-겠-」앞에 「-었-/-았-」이 오니까 앞의 경우와 같이 과거의 일에 대한 추측을 나타낸다.

3. 「-겠데」

이 어미도 「-겠-」 때문에 추측을 나타낸다.

(1) ㄱ. 그대가 참 착하겠데.

ㄴ. 당신은 이번 시험에 합격하겠데.

ㄷ. 그 일이 잘 처리되겠데.

ㄹ. 민철이는 훌륭한 학자이겠데.

ㅁ. 그는 지난날 부자였겠데.

ㅂ. 영호는 옛날에 잘 살았겠데.

4. 「-으리」

받침 있는 각 어근에 붙어 쓰이는데 주어 제약은 없고 「-시-」, 「-었-/-았-」은 쓰일 수 있다.

(1) ㄱ. 내일이면 늦으리.

　　ㄴ. 거기에 간 사람은 틀림없이 영수였으리.

　　ㄷ. 선생은 아마 그 모임에 가셨으리.

　　ㄹ. 그가 벌써 왔으리.

　　ㅁ. 만일 그의 말을 들었더라면, 나도 그 꾀임에 빠졌으리.

　　ㅂ. 자네도 그의 사기에 속았으리.

5. 「-으려니」

이 어미는 모든 서술어에 쓰이어 어떤 사실을 추측으로 일러 주는 뜻을 나타낸다. 비종결어미는 「-시-」, 만이 쓰일 수 있고 주어 제약은 없는 듯하다.

(1) ㄱ. 선생님은 저기에 가시려니

　　ㄴ. 무래면, 그가 이 편지를 받으려니

　　ㄷ. 휴가철이라 차가 몹시 분비려니

　　ㄹ. 그 모임에 너도 틀림없이 오려니

ㅁ. 지금은 가을걷이가 한창이려니

ㅂ. 너는 성적이 좋으려니

1.3.4. 느낌의 뜻을 나타내는 '하게체'의 어미

이에는 「-으리」, 「-는다네」, 「-라네」, 「-로세」 등이 있다.

1. 「-으리」

이 어미는 의도, 추측도 나타내나 느낌도 나타내므로 여기에서 다룬다. 비종결어미는 쓰일 수 없다.

(1) ㄱ. 때는 늦으리, 으~응, 때는 늦으리.

　　ㄴ. 모르리, 그대 모르리

　　ㄷ. 내일이면 늦으리, 때는 늦으리

　　ㄹ. 대한민국을 빛내리, 기필코 빛내리.

이 어미는 형용사, 동사에 쓰인다.

2. 「-(는)다네/-라네」

이 어미는 동사와 형용사, 지정사에 두루 쓰인다. 「-이다」에 쓰일 때는 「-라네」로 된다. 「-는다네」에는 비종결어미가 쓰일 수 있다.

(1) ㄱ. 이 땅에도 또 다시 봄이 온다네.

　　ㄴ. 정 이월 다 가고 삼월이라네.

　　ㄷ. 이것이 황금이라네.

ㄹ. 나는 그때 미국으로 유학 갔다네.

3. 「-을세」

이 어미는 문맥에 따라 서술, 느낌, 추측 등을 나타내지만, 여기서는 추측의 뜻으로 쓰이는 예만 보이기로 한다.

(1) ㄱ. 철민이는 벌써 떠났을세.

ㄴ. 거기는 지금 눈이 올세.

ㄷ. 말을 들으니 그대는 착할세.

ㄹ. 내일은 사람이 많이 모일세.

ㅁ. 나도 국회의원이 될 수 있을세.

ㅂ. 그 일은 일주일이면 끝날세.

ㅅ. 그 모임에는 선생님만 가실세.

ㅇ. 너도 장관이 될 수 있을세.

이 어미에는 비종결어미 「-었-/-았-」, 「-시-」만이 쓰일 수 있고 「-겠-」은 쓰일 수 없다. 왜냐하면 「-을세」의 「-을-」 때문이다.

4. 「-로세」

이 어미는 「-이다/아니다」에 쓰이어 「-로세」에 비하여 서술이나 느낌을 좀 예스럽게 나타낸다. 비종결어미는 「-시-」만이 쓰일 수 있다. 주어 제약은 없다.

(1) ㄱ. 나도 국회의원이로세.

ㄴ. 그것은 퍽 어려운 일이로세.

ㄷ. 나는 국화만 사랑함이 아니로세.

ㄹ. 우리는 이제 일등 국민이로세.

ㅁ. 하나님은 우리의 구세주이시로세.

위의 예들은 서술 또는 느낌을 나타낸다.

1.4. 평서법의 반말

반말은 부부가 부모 앞에서, 집안에서 나이는 어리나 촌수는 위인 사람이 나이는 많으나 촌수가 아래인 사람에게, 또는 친구 사이에 주고받는 경우에 쓰이는 어법으로 극비칭과 보통존칭 사이에 해당할 경우에 알맞게 쓰는 어법이다. 이 어미에는 「-아-/-아」와 「-지」가 있다.

1. 「-어-/-아-」
「-어-」는 서술어의 어간이 음성모음인 경우에 쓰이고 「-아-」는 어간의 모음이 양성모음일 때 쓰인다.

(1) ㄱ. 밖에는 지금 눈이 오고 있어.

ㄴ. 나는 내일 서울 가.

ㄷ. 너는 언제나 너무 착해

ㄹ. 이것이 소중한 보물이어.

ㅁ. 나는 벌써 갔다 왔어.

ㅂ. 날씨가 비가 오겠어.

ㅅ. 아버지는 내일 서울 가셔.

(1ㄱ~ㅅ)에서 보면 모든 서술어에 「-어-/-아-」가 다 쓰일 수 있고 비종결어미도 다 취할 수 있으며 주어 제약도 없다.

2. 「-지」

이 어미는 어간의 모음 여하에 관계없이 쓰인다. 비종결어미도 다 취할 수 있고 주어 제약도 없다.

(1) ㄱ. 이 꽃은 참으로 향기롭지.

    ㄴ. 이것이 소중한 나의 가보지.

    ㄷ. 나는 매일 도서관에 가지.

    ㄹ. 그는 어제 서울 갔지.

    ㅁ. 너는 그때쯤이면 성공하겠지.

    ㅂ. 내일은 날씨가 좋겠지.

위에서 말한 반말어미는 전통적인 것이나 현대에 와서는 입말에서 반말투가 너무 발달하여 다음과 같은 어미들이 있어서 여기에서 다루기로 한다. 이에는 「-고」, 「-거든」, 「-는걸」, 「-는거여」, 「-더래」, 「-던걸」, 「-을걸」, 「-라고」, 「-라나」, 「-라야지」, 「-야」, 「-야지」, 「-라는데」, 「-게」, 「-다고」, 「-는대」 등이 있다. 이 반말어미도 '서술', '감탄', '의문' 등의 뜻을 나타내는 것으로 분류할 수 있다.

1.4.1. 서술의 뜻을 나타내는 '해체' 어미

1. 「-거든」

까닭이나 서술의 뜻을 나타내는 반말투의 종결어미이다.

(1) ㄱ. ⅰ 왜 물이 찼지?

       ⅱ 간밤에 비가 많이 왔거든.

   ㄴ. ⅰ 그가 장가 간다지?

       ⅱ 올해 풍년이 들었거든.

   ㄷ. ⅰ 그가 왜 저리 야단이지?

       ⅱ 기분 좋은 일이 있었거든.

   ㄹ. ⅰ 당신은 왜 싱글싱글 야단이야?

       ⅱ 내가 이번에는 이기겠거든.

이 어미는 감탄을 나타내기도 한다. 그 예는 '감탄조'에서 다룰 것이다.

2. 「-고」

이 어미는 빈정거림, 항의, 다짐, 해명 등의 뜻을 나타내는 반말투의 종결어미로 주어 제약은 없으며 비종결어미의 제약도 없다.

(1) ㄱ. 그는 어제 일찍 갔다고

   ㄴ. 이번 시합에서는 내가 이기겠다고

   ㄷ. 세월이 너무 빠르다고

   ㄹ. 너는 너무 까분다고

   ㅁ. 선생님은 내일 서울에 가신다고

   ㅂ. 나는 일을 벌써 끝내었다고

이 어미는 물음의 뜻으로도 쓰이는데 그 보기는 그 조에 가서 다룰 것이다.

3. 「-ㄴ(는)걸」

이것은 「-ㄴ 것을」이 줄어든 말로 서술어의 어간에 붙어 스스로 느끼어 말하거나 상대에게 어떤 사실을 알게 하는 태도로 말할 때 쓰이는 반말투의 종결어미이다. 비종결어미를 취할 수 있고 주어 제약도 없다.

(1) ㄱ. 나는 지금 집에 가는걸

ㄴ. 너는 너무나 착한걸

ㄷ. 어제 여기는 비가 왔는걸

ㄹ. 내일은 날씨가 따뜻하겠는걸

ㅁ. 선생님은 아마 미국으로 이민 가시겠는걸

ㅂ. 그대는 착한 학생인걸

4. 「-는거여(야)」

이것은 「-는 것이여」가 줄어서 된 것으로 어떤 사실을 단정하여 말할 때 쓰이는 종결어미로 비종결어미는 「-시-」, 「-겠-」은 쓰일 수 있지만 「-었-/-았-」은 쓰이지 못하는 것 같다. 주어 제약은 없다.

(1) ㄱ. 나이는 숫자에 불과한거여.(야.)

ㄴ. 너는 여기서 공부하는거야.

ㄷ. 나는 할 일이 많은거야.

ㄹ. 선생님이 맡아서 하시는거야.

ㅁ. 내일은 그가 오겠는거야.

위의 예에서 보면 「-는 거여」보다는 「-는거야」로 쓰이는 경향이 많은 것 같다.

5. 「-더래」
이것은 「-더라 해」가 줄어서 된 것으로 비종결어미를 취할 수 있으며 주어 제약은 없이 쓰이는 듯하다. 서술어도 제약 없이 쓰인다.

(1) ㄱ. 철수는 집에 있더래
    ㄴ. 수희는 벌써 학교에 갔더래
    ㄷ. 이번 시합에서 명희가 이기겠더래
    ㄹ. 선생님은 댁에 계시더래
    ㅁ. 이 꽃은 너무 향기롭더래
    ㅂ. 그대가 제일 예쁜 학생이더래
    ㅅ. 영희가 제일 예쁜 미인이겠더래
    ㅇ. 나는 어려서 예뻤더래

6. 「-던걸」
이것은 「-던 것을」이 줄어서 된 말로 지난 일을 돌이켜 말할 때 쓰이는 종결어미로 후회 또는 서술하는 뜻을 나타낸다.

(1) ㄱ. 조금 전에 그가 왔던걸
    ㄴ. 그때 말할 수 있었던걸
    ㄷ. 그는 참 아까운 사람이던걸

ㄹ. 그대가 마음에 들었던걸

ㅁ. 그때 너는 승진할 번하였던걸

ㅂ. 이번에 나는 당선될 듯하겠던걸

7. 「-을걸」

이것은 「-ㄹ(은) 것을」이 줄어서 된 말로 지나간 일에 대하여 뉘우치거나 아쉬워함을 나타낸다.

(1) ㄱ. 어제 그에게 그 말을 할걸

　　 ㄴ. 내가 가서 그 일을 처리할걸

　　 ㄷ. 그 일은 모른다고 할걸

　　 ㄹ. 네가 그 모임에 나갈걸

이 어미가 쓰이는 문장의 주어가 3인칭이 되거나 「-었-/-았-」이 쓰이면 추측의 뜻을 나타낸다. 이 경우는 '추측조'에서 다룰 것이다.

8. 「-라고」

이것은 「-이다/아니다」에 붙어서 잘못 알았던 사실을 깨달으면서 말할 때 쓰이는 반말투의 종결어미로 비종결어미는 쓰일 수 없다.

(1) ㄱ. 나는 착한 사람이라고.

　　 ㄴ. 네가 수상자라고.

　　 ㄷ. 네가 천재라고.

　　 ㄹ. 이게 바로 그 책이라고.

주어 제약은 없다.

9. 「-라나」

이 어미는 「-이다/아니다」의 어간에 붙어 무엇을 무관심하게나 하찮게 이르는 뜻을 나타내는 반말투의 종결어미이다. 비종결어미는 「-시-」 이외에는 쓰일 수 없다.

(1) ㄱ. 그가 역사 선생이라나

ㄴ. 이것이 진짜라나

ㄷ. 그는 내가 장군이라나

ㄹ. 모두들 내가 바로라나

ㅁ. 이게 임금님의 옷이라나

ㅂ. 그가 우리 선생님이시라나

10. 「-라야지」

이것은 「-라야 하지」가 줄어서 된 말로 어떤 사실이 마땅히 그리 되어야 함을 나타낸다. 비종결어미는 쓰일 수 없다.

(1) ㄱ. 이것이 보물이라야지

ㄴ. 나도 사람이라야지

ㄷ. 너도 사람이라야지

ㄹ. 그가 바보는 아니라야지

ㅁ. 이것이 나의 명저라야지

이 어미는 「-이다/아니다」에만 쓰인다.

11. 「-야」

「-이다」, 「아니다」의 어간에 붙어 반말투나 극비칭의 뜻을 나타내는 종결어미로 비종결어미는 쓰일 수 없다.

(1) ㄱ. 그것이 내 것이야.

   ㄴ. 당신은 바보, 당신은 바보야.

   ㄷ. 그가 천재야.

   ㄹ. 내가 바보야.

12. 「-(어)야지」

이 어미는 「-라야지」, 「-어(-어)야지」에서 「-라」와 「-어/-아」가 탈락한 꼴로 동사, 형용사, 지정사에 두루 쓰이며, 비종결어미 「-었-/-았-」, 「-시-」를 취할 수 있고 주어 제약은 없다. 마땅함을 나타낸다.

(1) ㄱ. 아! 너도 가고 나도 가야지.

   ㄴ. 나는 이것을 먹어야지.

   ㄷ. 너도 우리와 같이 가야지.

   ㄹ. 이 옷이 새 옷이어야지.

   ㅁ. 우리는 그의 말을 들어야지.

   ㅂ. 너는 거기에 갔어야지.

(ㄴ, ㄹ, ㅁ, ㅂ)에서 보면 「-야지」가 「-이다」나 「-었-/-았-」이나 폐음절 어간 다음에 쓰일 때는 「-어 야지」가 됨을 알 수 있다.

13. 「-라는데」

이것은 「-라 하는데」가 줄어서 된 말로 「-라는데」는 「-이다/아니다」의 어간에 붙어 들은 사실대로 인정하거나 주장하는 뜻을 나타내는 반말투의 종결어미이다.

    (1) ㄱ. 그가 대학 교수라는데.

        ㄴ. 이것이 무척 비싼 보석이라는데.

        ㄷ. 이게 그의 가보라는데.

이 어미에는 비종결어미는 쓰일 수 없고 주어도 3인칭이면 아주 자연스럽다.

14. 「-게」

모든 서술어의 어간에 붙어 앞의 사실을 인정하면서 뒤의 사실도 인정해야 되지 않겠느냐 하는 뜻을 나타내는 종결어미로 「-었-/-았-」을 취할 수 있다.

    (1) ㄱ. 이것을 가지면 얼마나 좋게.

        ㄴ. 그런 말을 했다가 혼나게.

        ㄷ. 그렇게 공부하였으면 박사가 되었게.

        ㄹ. 그렇다면 이게 보물이게.

이 어미는 물음의 뜻으로도 쓰인다. (다음에서 다룰 '물음조'를 참조할 것.)

15. 「-다고」

이것은 생각한 바와 같음을 주장하는 뜻을 나타내는 반말투의 종결어미로 비종결어미를 취할 수 있다. 「-이다/아니다」에는 앞에서 설명한 바와 같이, 「-라고」가 된다.

(1) ㄱ. 이곳의 경치가 참 아름답다고.

　　ㄴ. 그는 벌써 갔다고.

　　ㄷ. 너는 공부를 너무 많이 한다고.

　　ㄹ. 나는 지금 배가 너무 고프다고.

　　ㅁ. 내일은 비가 오겠다고.

　　ㅂ. 할아버지가 가신다고.

이 어미는 「-다고」가 합하여 된 것이다. 비종결어미를 취할 수 있음은 위의 예를 보아 알 수 있다.

16. 「-는대」

이것은 「-는다 해」가 줄어서 된 말로 비종결어미를 취할 수 있다. 「-이다/아니다」에 쓰이면 「-래」가 된다.

(1) ㄱ. 그는 서울 간대.

　　ㄴ. 그는 시험에 합격했대.

　　ㄷ. 여기가 살기 좋대.

　　ㄹ. 이게 보석이래.

　　ㅁ. 아버지가 서울 가신대.

　　ㅂ. 그는 미국으로 이민 가겠대.

1.4.2. 물음을 나타내는 '해체' 어미

이에는 「-(는)고」, 「-게」, 「-는다지」, 「-다고」, 「-으라고」, 「-야」, 「-으라니」 등이 있다. 이들 중에는 앞에서 다룬 서술의 뜻을 나타내는 어미와 같은 것이 있는데, 같은 어미라도 문장의 짜임새에 따라 물음의 뜻을 나타내게 되는 것이다.

 1. 「-는(은)고」
 이 어미는 물음, 빈정거림, 항의 따위의 뜻을 나타내는 경우의 예는 앞 1.4.1.의 2. 「-고」에서 다루었다. 여기서는 물음의 예만 보이기로 한다.

  (1) ㄱ. 너희가 다 먹으면 나는 무엇을 먹고?
      ㄴ. 그럼 너는 무엇을 하고?(하는고?)
      ㄷ. 이것이 무엇인고?
      ㄹ. 그렇게 말하는 당신은 친절하고?
      ㅁ. 돈이 없다면서 지갑 속의 그것은 무엇인고?
      ㅂ. 거기에는 누가 가고?
      ㅅ. 아버지는 어디를 가시는고?

이 어미에는 비종결어미는 「-시-」만이 쓰일 수 있다.

 2. 「-게」
 동사나 형용사 및 「-이다」에 붙어 물음을 나타낸다. 비종결어미는 「-시-」만이 쓰일 수 있다.

(1) ㄱ. 그 돈은 무엇에 쓰게?

　　ㄴ. 자네는 벌써 떠나게?

　　ㄷ. 이것이 얼마나 비싸게?

　　ㄹ. 나는 무엇을 하게?

　　ㅁ. 이것이 무엇이게?

　　ㅂ. 아버지는 무엇을 드시게?

3. 「-는다지」

이것은 「-는다 하지」가 줄어서 된 말로 서술어의 어간에 붙어 어떤 사실을 캐묻는 뜻을 나타낸다. 비종결어미를 취할 수 있으며 주어 제약은 없다.

(1) ㄱ. 무엇으로 홍수를 막는다지?

　　ㄴ. 이 난리통에 우리는 어디로 피난한다지?

　　ㄷ. 그곳의 경치가 매우 아름답다지?

　　ㄹ. 그가 서울로 이사하겠다지?

　　ㅁ. 이것이 무엇이라지?

　　ㅂ. 너는 미국으로 언제 이민 갔다지?

(1ㄷ)을 보면 형용사에 이 어미가 쓰이면 「-다지」로 되고 (1ㅁ)에서 보면 「-이다」에 쓰이면 「-라지」가 됨을 알 수 있다.

4. 「-다고」

모든 서술어에 붙어 물음을 나타낸다. 비종결어미를 취할 수 있고 주어 제약은 없다.

(1) ㄱ. 그가 언제 갔다고?

　　ㄴ. 이것이 무엇이라고?

　　ㄷ. 나는 무슨 일을 한다고?

　　ㄹ. 너는 벌써 식사를 하였다고?

　　ㅁ. 네가 철수에게 이기겠다고?

　　ㅂ. 금강산이 얼마나 아름답다고?

(1ㄴ)에서 보면 「-이다」에 「-다고」가 쓰이면 「-라고」로 됨을 알 수 있다.

5. 「-으라고」

서술어의 어간에 붙어 어떤 사실을 반문할 때 쓰는 종결어미로 비종결어미는 쓰일 수 없다.

(1) ㄱ. 이것을 내가 먹으라고?

　　ㄴ. 이 편지를 읽으라고?

　　ㄷ. 그러다가 소문나라고?

　　ㄹ. 잘못하다가 다치라고?

　　ㅁ. 이것이 책이라고?

6. 「-야」

이것은 「-이다/아니다」의 어간에 붙어 「-게」보다 더 뚜렷하게 다지는 뜻을 나타내는 물음의 종결어미이다.

(1) ㄱ. 여기가 어디야?

ㄴ. 어느것이 보석이야?

ㄷ. 이것은 누구의 옷이야?

ㄹ. 내가 누구야?

이 어미에는 비종결어미는 쓰이지 못하지만 주어 제약은 없다.

7. 「-으라니」

이 어미는 「-으라 하니」가 줄어서 된 것으로 물음을 나타내는 종결어미로 「-시-」를 제외한 비종결어미는 쓰일 수 없으며 주어 제약은 없는 듯하다.

(1) ㄱ. 이것이 무엇이라니?

ㄴ. 무엇을 먹으라니?

ㄷ. 너는 무슨 일을 하라니?

ㄹ. 나는 어디로 가라니?

ㅁ. 그는 집에 있으라니?

ㅂ. 아버지는 어디로 가시라니?

ㅅ. 어디로 가라니?

8. 「-는대」

이 어미는 「-는다 해」가 줄어서 된 말로 물음을 나타내며 비종결어미 「-았/었」, 「-겠」, 「-시-」 등이 쓰일 수 있다. 주어는 3인칭이 쓰인다. 「-이다/아니다」에 쓰이면 「-래」가 된다.

(1) ㄱ. 그는 집에서 공부한대?

ㄴ. 철수는 학교에 갔대?

ㄷ. 영미는 여기 있겠대?

ㄹ. 이것이 무엇이래?

ㅁ. 그의 아버지는 서울로 가신대?

1.4.3. 감탄의 뜻을 나타내는 '해체'의 어미

이에는 「-거든」, 「-ㄴ감」, 「-는데」, 「-던걸」, 「-던데」 등이 있다.

1. 「-거든」

이것은 가정, 조건, 견줌 등의 뜻도 나타내지만, 감탄의 뜻도 나타내므로 여기서는 감탄을 나타내는 경우의 예를 보이기로 한다.

(1) ㄱ. 올해는 농사가 잘 되었거든!

ㄴ. 시합에서 이기면 기분이 참 좋거든!

ㄷ. 야, 기분 좋거든!

ㄹ. 팔월대보름이면, 달도 밝거든!

비종결어미는 「-었/-았」이 쓰일 수 있고 주어는 1, 3인칭이 자연스러운 것 같다.

2. 「-ㄴ감」

이 어미는 「-ㄴ가 뭐」가 줄어서 된 말로 형용사, 「-이다」의 어간에 붙어서 가볍게 반박하거나 스스로 반문하면서 느낌을 나타낸다. 비종결어미는 쓰이지 않는 듯하다.

(1) ㄱ. 그 물고기가 큰감.

　　ㄴ. 처녀가 그녀 하나뿐인감.

　　ㄷ. 그녀가 예쁜감.

　　ㄹ. 설악산이 그리도 좋던감.

3. 「-는데」

반말의 종결어미에 쓰이며 감탄을 나타낸다.

(1) ㄱ. 비가 오는데, 비가 오는데, 우산도 없이.

　　ㄴ. 오늘은 달이 밝겠는데.

　　ㄷ. 참 좋은 사람이었는데.

　　ㄹ. 이기면 나는 기분이 참 좋겠는데.

이 어미는 모든 서술어에 다 쓰일 수 있고 비종결어미도 쓰일 수
있다.

4. 「-던걸」

이 어미는 「-던 것을」이 줄어서 된 말로 지나간 일을 돌이켜 알게
된 사실을 감탄스럽게 나타낸다.

(1) ㄱ. 그는 참 말을 잘 하던걸.

　　ㄴ. 금강산을 가보니까 참 좋던걸.

　　ㄷ. 과연 명산이던걸.

　　ㄹ. 그녀는 참으로 예뻤던걸.

　　ㅁ. 그 미인과 결혼하였더라면 참 좋았겠던걸.

(1ㅁ)의 예는 감탄하면서도 후회하는 뜻을 나타내고 있다. 이 어미는 비종결어미를 취할 수 있음을 위 보기로써 알 수 있다.

5. 「-던데」

반밀투의 종결어미로 지난 일을 돌이켜 감탄하는 뜻을 나타낸다.

(1) ㄱ. 그 사람 말 잘 하던데.

　　ㄴ. 경치가 너무 좋던데.

　　ㄷ. 그는 썩 미남이던데.

　　ㄹ. 그때가 참 좋았던데.

　　ㅁ. 그때 나는 참 비굴하던데.

1.4.4. 추측의 뜻을 나타내는 '해체'의 어미

이에는 「-는가봐」, 「-는걸」, 「-ㄹ걸」 등이 있다.

1. 「-는가봐」

이 어미는 「-는가 보다」가 줄어서 된 말로 추측을 나타낸다. 비종결어미를 취할 수 있고 주어 제약은 없다.

(1) ㄱ. 도망친 사람이 그 사람인가봐.

　　ㄴ. 이것이 금덩어린가봐.

　　ㄷ. 내가 바쁜가봐.

　　ㄹ. 네가 천잰가봐.

　　ㅁ. 그가 서울에 갔는가봐.

ㅂ. 네가 이번에 대상을 받는가봐.

「-는가봐」가 개음절 밑에 쓰이면 「-ㄴ가봐」로 된다.

2. 「-ㄹ걸」

이 어미는 「-ㄹ 것을」이 줄어서 된 말로 추측을 나타낸다. 비종결 어미 「-었-/-았-」과 「-시-」를 취할 수 있고 주어는 2~3인칭이어야 한다.

(1) ㄱ. 내일은 비가 올걸.

　　ㄴ. 너는 장차 부자가 될걸.

　　ㄷ. 그는 모래 한국을 떠날걸.

　　ㄹ. 영출이는 시험에 합격하였을걸.

　　ㅁ. 선생님은 교장 선생으로 승진하실걸.

「-ㄹ걸」은 서술의 뜻도 나타내는데 이에 대하여는 앞 '서술조'에서 이미 예시·설명하였다.

1.4.5. 시킴의 뜻을 나타내는 '해체'의 어미

이에는 「-라고」, 「-으래」, 「-으라는데」, 「-으라니까」 등이 있다.

1. 「-라고」

이 어미는 명령법 「-라」에 조사 「-고」가 붙어서 된 것으로 시킴의 뜻을 나타낸다. 비종결어미는 쓰일 수 없다.

(1) ㄱ. 그런 말을 제발 하지 말라고.

　　ㄴ. 너는 가지 말고 여기 있으라고.

　　ㄷ. 어서 이리 오라고.

　　ㄹ. 제발 조용하라고.

　　ㅁ. 모두 침착하라고.

이 어미는 자제 가능한 형용사에도 쓰이어 시킴의 뜻을 나타낸다.

2. 「-으래」

이 어미는 「-으라 해」가 줄어든 말로 비종결어미는 「-시-」만 쓰일 수 있다. 이 어미도 자제 가능한 형용사에도 쓰인다.

(1) ㄱ. 나더러 이것을 먹으래.

　　ㄴ. 미자더러 부지런히 일하래.

　　ㄷ. 군미더러 집에 있으래.

　　ㄹ. 그는 너더러 청소하래.

　　ㅁ. 철수는 아버지더리 집으로 가시래.

여기의 시킴은 제3자가 내리는 명령이다.

3. 「-으라는데」

이 어미는 「-으라 하는데」가 줄어서 된 것으로 비종결어미 「-시-」는 취할 수 있다. 자제 가능한 형용사에도 쓰일 수 있다.

(1) ㄱ. 그는 나더러 여기 있으라는데.

ㄴ. 그가 너더러 집으로 가라는데.

ㄷ. 이것을 더 먹으라는데.

ㄹ. 철수가 그의 아버지더러 서울에 가시라는데.

ㅁ. 지수가 나더러 고기를 사 오라는데.

ㅂ. 우리를 보고 조용하라는데.

4. 「-으라니까」

이 어미는 「-으라 하니까」가 줄어서 된 말로 동사와 자제 가능한 형용사에 쓰이어 시킴을 나타낸다. 비종결어미는 다 쓰일 수 없다.

(1) ㄱ. 돈이나 어서 갚으라니까.

ㄴ. 늦다고 어서 가라니까.

ㄷ. 모두들 침착하라니까.

ㄹ. 이리들 모이라니까.

ㅁ. 제발 조용하라니까.

1.5. 평서법의 극비칭

극비칭은 집안의 어른이 아들, 며느리, 손자, 조카 등 손아래 사람들에 대하여, 스승이 초·중·고등학교 제자에게, 다정한 친구 끼리 나누는 어법이다. 극비칭의 어미를 그 나타내는 뜻에 따라 나누어 보면 ① 서술, ② 감탄, ③ 확인·주장·당연, ④ 약속, ⑤ 강조, ⑥ 다짐 (단정), ⑦ 추측, ⑧ 의도, ⑨ 염려·망설임, ⑩ 가능 등으로 세분된다. 다음에서 이들 각각에 대하여 풀이하기로 하겠다.

1.5.1. 서술의 뜻을 나타내는 '해라체'의 어미

이에는 「-는구먼/-ㄴ구먼」, 「-는다/-ㄴ다」, 「-는단다/-ㄴ단다」, 「-느니/느니라」, 「-는대야」, 「-니라」, 「-다」, 「-더니라」, 「-더라」, 「-더래」, 「-ㄹ지니라」, 「-ㄹ지라」, 「-라」, 「-란다」, 「-더라」, 「-로다」 등이 있다.

1. 「-는구먼」
이 어미의 줄임말은 「-구먼」이다. 비종결어미 「-었-/-았-」, 「-겠-」, 「-시-」가 쓰이면 「-구먼」으로 된다. 주어 제약은 없다.

(1) ㄱ. 밖에는 비가 오는구먼.

　　ㄴ. 그는 벌써 떠났구먼.

　　ㄷ. 날씨가 가물겠구먼.

　　ㄹ. 이러다가는 당신은 늦겠구먼.

　　ㅁ. 그 문제 때문에 나는 어리둥절하겠구먼(면).

　　ㅂ. 여기는 참으로 조용하구먼(면).

　　ㅅ. 이것이 이조 토기이구먼.

2. 「-는다/-ㄴ다」
「-는다」는 서술어의 폐음절 밑에 쓰이고 「-ㄴ다」는 개음절 밑에 쓰이어 이제의 일을 베풀어 나타낸다.

(1) ㄱ. 학생들이 책을 읽는다.

　　ㄴ. 나는 지금 서울 간다.

ㄷ. 너는 지금 정신을 잃고 있다.

ㄹ. 그는 어제 서울에 갔다.

ㅁ. 곧 비가 오겠다.

ㅂ. 아버지는 집에서 주무신다.

3. 「-는단다/-ㄴ단다」

이것은 「-ㄴ(는)다 한다」가 줄어서 된 말로 형용사와 비종결어미 「-었-/-았-」, 「-겠-」, 「-시-」가 쓰이면 「-단다」로 된다. 주어 제약은 없다. 「-이다/아니다」에 쓰이면 뒤에서 다루게 되겠지마는 「-란다」가 된다.

(1) ㄱ. 오빠는 잘 있단다.

ㄴ. 우리 아이는 공부를 잘 한단다.

ㄷ. 우리 아이는 매일 고기만 먹는단다.

ㄹ. 그 시합에서 우리팀이 이겼단다.

ㅁ. 이곳은 공기가 맑단다.

ㅂ. 이번 경기에서는 우리가 이기겠단다.

ㅅ. 할아버지가 오신단다.

4. 「-느니/-느니라」

이 어미는 경험을 바탕으로 어떤 사실을 일러 주는 뜻을 나타낸다. 비종결어미를 취할 수 있다. 「-이다/아니다」에 쓰일 때는 「-니/-니라」로 된다.

(1) ㄱ. 날이 무더우면 비가 오느니.

ㄴ. 조금만 더 가면 주막이 있느니.

ㄷ. 저기가 전에 논이었느니.

ㄹ. 그는 잘 있느니라.

ㅁ. 그분은 참으로 훌륭한 분이었느니.

ㅂ. 곧 눈이 오겠느니라.

5. 「-는대야」

이 어미는 「-는다 해야」가 줄어서 된 것으로 연결어미로도 구실을 하나 종결어미가 되기도 한다. 어쩌면 반말투인 것 같기도 하다.

(1) ㄱ. 그는 지금 떠난대야.

ㄴ. 한우산이 참으로 아름답대야.

ㄷ. 그가 박사이래야.

ㄹ. 철수가 이리로 오겠대야.

ㅁ. 그는 벌써 떠났대야.

ㅂ. 선생님이 서울로 전근가겠대야.

이 어미가 「-이다」에 쓰이니까 「-래야」로 되고 「겠대야」로 쓰이니까 「-겠-」 때문에 추측을 나타내기도 한다.

6. 「-니라」

주로 받침이 없는 형용사나 「-이다」에 쓰여 주로 경험을 바탕으로 어떤 사실을 알려 주는 뜻을 나타낸다. 비종결어미는 「-시-」가 쓰인다.

(1) ㄱ. 바닷물은 짜니라.

ㄴ. 이상과 현실은 어림없이 다르니라.

ㄷ. 밥이 보약이니라.

ㄹ. 설매는 언제나 얌전하니라.

ㅁ. 그의 마음은 비단이니라.

7. 「-다」

글을 끝맺는 종결어미로 비종결어미 「-었-/-았-」, 「-겠-」이 쓰일 수 있다. 서술어는 제약 없이 쓰인다.

(1) ㄱ. 당신의 웨딩드레스는 정말 아름다웠다.

ㄴ. 나는 이 책을 다 읽었다.

ㄷ. 중국 대륙을 가다.

ㄹ. 이곳은 정말 살기 좋다.

ㅁ. 그는 착한 학생이다.

ㅂ. 그는 공부를 잘 해서 일등을 하겠다.

ㅅ. 저 꽃이 붉다.

(1ㄷ)의 「가다」 할 때는 때 없는(무시제) 서술법이다. 원형이기 때문이다. (이 예는 책 이름이다.)

8. 「-더니라」

이 어미는 지난 사실을 돌이켜 일러 주는 뜻을 나타낸다. 이 어미가 「-이다/아니다」 어간에 오면 「-러니라」로 될 때가 있다. 비종결어미는 「-었-/-았-」, 「-시-」, 「-겠-」이 쓰일 수 있으나 「-러니라」

에는 비종결어미는 쓰일 수 없다. 주어가 「나」일 때는 회상할 때만
가능하다.

(1) ㄱ. 그 사람은 글씨를 잘 쓰더니라.

ㄴ. 옛날에는 산에 범이 많았더니라.

ㄷ. 지난날에는 이곳이 연못이더니라.

ㄹ. 그는 남보다 노력가였더니라.

ㅁ. 그것이 다 옛 어른들의 말씀이러니다.

ㅂ. 그런 행동은 옳은 짓이 아니러니다.

「-러니라」는 「-더니라」의 예스러운 말이다.

9. 「-더라」

각 어간에 붙어서 지난 사실을 돌이켜 생각하여 말할 때의 서술
종결어미로 비종결어미를 취할 수 있고 주어 제약은 없다. 1인칭
'나'에 쓰일 때는 특별한 회상일 때만 가능하다.

(1) ㄱ. 그는 지금 대학생이더라.

ㄴ. 나는 꿈에 혼자 공부하더라.

ㄷ. 너는 학생시절 착했더라.

ㄹ. 어제는 아주 춥더라.

ㅁ. 아버지는 혼자 계시더라.

ㅂ. 금강산을 가보니 과연 명산이더라.

10. 「-더래」

이 어미는 「-더라 해」가 줄어서 된 것으로 지나간 일을 돌이켜 생각하여 말할 때의 종결어미로 비종결어미를 취할 수 있고 주어 제약, 서술어 제약은 없다. 주어가 「나」일 때는 「-더라」와 같이 특별한 회상일 때만 가능하다.

(1) ㄱ. 어제는 날씨가 춥더래.

ㄴ. 철수가 보니까 내가 마루에서 잠을 자고 있더래.

ㄷ. 그가 보니까 네가 열심히 공부하고 있더래.

ㄹ. 철민이는 그가 반에서 일등이더래.

ㅁ. 순이는 숙제를 깜빡 잊고 있었더래.

ㅂ. 할아버지는 책을 읽고 계시더래.

11. 「-ㄹ(을)지니라」

이 어미는 '어떻게 할 것이니라', '어떠할 것이니라' 따위의 뜻으로, 믿는 바를 정중하게 말할 때 쓰이는 종결어미로 비종결어미는 쓰이지 못하며 주어는 1인칭은 잘 쓰이지 못하는 듯하다.

(1) ㄱ. 너는 이 일을 마칠지니라.

ㄴ. 영희는 이 책을 읽을지니라.

ㄷ. 철수는 정직한 사람일지니라.

ㄹ. 이 나무는 꽃이 아름다울지니라.

12. 「-ㄹ(을)지라」

어간에 두루 붙어 "응당 어떻게 할 것이다", 또는 "어떠할 것이라"

따위의 뜻으로 믿는 바를 말할 때 쓰이는 종결어미로 비종결어미는 쓰일 수 없으며, 주어는 1인칭은 잘 쓰이지 않는 듯하다.

(1) ㄱ. 너는 꼭 성공할지라.

ㄴ. 그는 착한 학생일지라.

ㄷ. 바람이 세차게 불지라.

ㄹ. 철수는 부자일지라.

13. 「-라」

이것은 「-이다/아니다」의 어간에 붙어 서술이나 감탄의 뜻을 나타낸다. 비종결어미는 쓰이지 아니한다.

(1) ㄱ. 백리 담양 흐르는 물은 굽이굽이 만경이라.

ㄴ. 내가 찾는 아이는 바로 그 아이라.

ㄷ. 누구나가 요구하는 것은 돈이라.

ㄹ. 우리가 바라는 것은 돈이 아니라.

14. 「-라니」

이 어미는 새삼스럽게 깨달음이나 감탄을 나타낸다. 비종결어미는 쓰이지 못하며 주어는 1인칭은 어려울 것 같다.

(1) ㄱ. 이것이 그렇게 신통한 약이라니!

ㄴ. 왠 돈이라니!

ㄷ. 이런 일이 나라 잃은 서러움이라니.

ㄹ. 아닌 밤에 홍두깨라니.

15. 「-란다」

이 어미는 「-라 한다」가 줄어서 된 것으로 동사에 쓰이나 「-이다/아니다」에 쓰이면 부드럽게 타이르거나 알리거나 뽐내듯 하며 말할 때 쓰인다. 비종결어미는 쓰일 수 없다.

(1) ㄱ. 그가 너를 오란다.

ㄴ. 이것이 보배란다.

ㄷ. 그는 박사가 아니란다.

ㄹ. 네가 바보란다.

ㅁ. 나는 바보가 아니란다.

16. 「-러라」

「-더라」의 뜻으로 「-이다/아니다」에만 붙어 쓰인다. 비종결어미는 쓰이지 못한다.

(1) ㄱ. 꽃구경 왔더니 다만 썩은 가지뿐이러라.

ㄴ. 동산에 오르니, 꽃은 없고 새소리뿐이러라.

ㄷ. 너는 훌륭한 나의 친구러라.

ㄹ. 나는 그에 비하여 둔재러라.

ㅁ. 이것이 이래도 보물이러라.

17. 「-로라」

이것은 「-이다/아니다」에 붙어 서술, 선언, 인용 따위의 뜻으로 예스런 표현에 쓰인다. 비종결어미는 쓰이지 못한다.

(1) ㄱ. 나는 산을 사랑하는 사람이로라.

ㄴ. 백구야 날지 마라 네 잡을 내 아니로라.

ㄷ. 이는 너희로 하여금 근원을 얻게 함이로라.

ㄹ. 너는 바보로라.

1.5.2. 감탄의 뜻을 나타내는 '해라체'의 어미

이에는 「-ㄴ지고/-는지고」, 「-노라」, 「-ㄴ(는)구나/-ㄴ(는)
군」, 「-ㄴ(는)구려」, 「-ㄴ(는)구면」, 「-ㄴ(는)다니까」, 「-ㄴ(는)지고」,
「-더구나/-더군」, 「-더구면/-더구면」, 「-ㄹ(을)러라」, 「-ㄹ(을)세라
」, 「-ㄹ(을)씨고」, 「-라」, 「-러라」, 「-로고」, 「-로구면/-로군」, 「-로
구려/-로구료」, 「-로다」, 「-으리로다」, 「-ㅁ(음)에랴」, 「-어라/-아
라」 등이 있다.

1. 「-ㄴ지고/-는지고」

형용사나 「-이다」의 어간에 붙어 느낌을 나타내는 종결어미로
비종결어미는 쓰이지 않는다.

(1) ㄱ. 참으로 딱한지고.

ㄴ. 장한 사람인지고.

ㄷ. 우리가 이겨서 참으로 기쁜지고.

ㄹ. 설악산은 참으로 아름다운지고.

ㅁ. 예쁜지고 예쁜지고 춘향이가 예쁜지고.

2. 「-노라」

동사와 형용사의 어간이나 때를 나타내는 비종결어미에 붙어 베풂, 선언, 느낌, 인용 따위의 뜻으로 예스럽거나 정중한 표현에 쓰인다.

(1) ㄱ. 가노라 삼각산아 다시 보자 한강수야.

ㄴ. 귀 밑에 해 묵은 서리를 녹여 볼까 하노라.

ㄷ. 우리는 독립국의 자주민임을 선언하노라.

ㄹ. 너의 행동은 보기에 좋았노라.

ㅁ. 그것은 헛된 꿈이었노라.

ㅂ. 그도 열심히 하겠노라고 장담하였다.

3. 「-ㄴ(는)구나/-ㄴ(는)군」

서술어의 어간에 붙어 느낌을 나타낸다. 비종결어미에 쓰이면 「-구나/-군」이 된다.

(1) ㄱ. 그는 이미 성공하였군(성공하였구나).

ㄴ. 너는 일이 잘 되는군(되는구나).

ㄷ. 이곳은 공기가 참 좋구나.

ㄹ. 너는 놀라운 부자이구나.

ㅁ. 세월이 빨리도 가는구나.

4. 「-ㄴ(는)구려」

「-구려」의 뜻으로 쓰이는 감탄 어미로 형용사나 「-이다」에 쓰일 때는 「-구려」로만 쓰이며 비종결어미에 올 때도 「-구려」로 쓰인다.

(1) ㄱ. 이번 시합에서 우리가 이겼구려.

ㄴ. 착하구려. 심청이는.

ㄷ. 너는 많이도 먹는구려.

ㄹ. 내일은 비가 오겠구려.

ㅁ. 날이 벌써 밝는구려.

ㅂ. 싸구려! 울릉도 호박엿이구려.

5. 「-ㄴ(는)구먼」

「-구먼」의 뜻으로 서술어의 어간에 붙어 느낌을 나타낸다. 형용
사나 「-이다」 비종결어미에 쓰이면 「-구먼」으로 된다. 이것의 준말
은 「-ㄴ(는)군」이다.

(1) ㄱ. 눈이 내리는구먼(내리는군).

ㄴ. 날씨가 좋구먼.

ㄷ. 그 말을 들으니 기가 막히는구먼.

ㄹ. 너는 설도 아닌데 벌써 좋은 옷을 입었구먼.

ㅁ. 그가 박사이구먼.

ㅂ. 이번 시험에서 너는 일등이겠구먼.

6. 「-ㄴ(는)구료」

이 어미는 「-ㄴ(는)구려」와 같은 뜻으로 쓰인다. 형용사나 「-이다」
및 비종결어미에 쓰이면 「-구료」가 된다.

(1) ㄱ. 이것이 보배로구료.

ㄴ. 미타산은 참으로 아름답구료.

ㄷ. 세월이 빨리도 가는구료.

ㄹ. 그들이 이 시합에서 이겼구료.

ㅁ. 곧 눈이라도 내리겠구료.

7. 「-ㄴ(는)다니까」

이것은 「-는다 하니까」가 줄어서 된 어미로 상대에게 어떤 사실을 다시 나타내는데 비종결어미에 쓰이면 「-다니까」로 된다.

(1) ㄱ. 밖에는 비가 온다니까.

ㄴ. 이곳은 공기가 맑다니까.

ㄷ. 순옥이는 벌써 학교를 졸업하였다니까.

ㄹ. 나는 그와는 사귀지 않겠다니까.

ㅁ. 선생님은 모래 미국으로 떠나신다니까.

ㅂ. 그는 밥을 잘 먹는다니까.

8. 「-ㄴ(는)지고」

동사나 형용사 어간에 쓰이며 느낌을 나타낸다.

(1) ㄱ. 그녀는 참으로 착한지고.

ㄴ. 그는 밥을 잘도 먹는지고.

ㄷ. 그는 사무 처리를 잘도 하는지고.

ㄹ. 집을 아주 예쁘게 잘 짓는지고.

ㅁ. 영희는 마음씨가 참으로 고운지고.

9. 「-더구나/-더군」

모든 서술어에 쓰여 겪은 사실을 감탄적으로 베풀어 나타내는 어미로 비종결어미에도 쓰일 수 있다.

(1) ㄱ. 그 군함이 아주 크더구나.

ㄴ. 너는 어마어마한 집을 짓더구나.

ㄷ. 순철이는 크게 성공하였더구나.

ㄹ. 그를 보니 마음 놓고 살겠더구나.

ㅁ. 그곳 경치는 참 좋더군

10. 「-더구먼/-더구면」

여기 「-더구면」은 「-더구먼」과 같은 뜻으로 쓰이는데 지난 일에 대한 느낌이나 깨달음을 나타내며, 비종결어미에 쓰일 수 있다.

(1) ㄱ. 그것이 참하더구먼(참하더구면).

ㄴ. 이것이 소중한 물건이더구먼.

ㄷ. 그는 미국에서 잘 살았더구먼(살았더구면).

ㄹ. 레이니어산은 참으로 높더구먼.

11. 「-ㄹ(을)러라」

주로 형용사나 「-이다」에 쓰이며 겪은 사실을 돌이켜 생각하여 나타내거나 감탄의 뜻을 나타내는 종결어미로 비종결어미에는 쓰일 수 없다.

(1) ㄱ. 그 아이들이 참으로 착할러라.

ㄴ. 경치가 그렇게도 아름다운 곳일러라.

ㄷ. 이곳은 참으로 고요할러라.

12. 「-ㄹ(을)레라」

이것은 「-ㄹ러라」의 변이형태로서 그 용법은 「-ㄹ러라」와 같다.

(1) ㄱ. 나는 그가 왜 그러는지 모를레라.

ㄴ. 요즈음 그는 꽤 바쁠레라.

ㄷ. 거기라면 좋은 곳일레라.

ㄹ. 너는 요즈음 잘 지낼레라.

13. 「-ㄹ(을)세라」

이 어미는 염려, 까닭, 느낌 등을 나타낸다. 비종결어미는 쓰일
수 없다.

(1) ㄱ. 그녀는 마음씨도 고울세라.

ㄴ. 그는 드문 효잘세라.

ㄷ. 아마 너는 모를세라.

14. 「-ㄹ(을)씨고(구)」

이 어미는 예스러운 시나 노랫말에 쓰이어 감탄을 나타낸다.

(1) ㄱ. 이 섬을 빙빙 도는 바닷물이 고울씨고.

ㄴ. 우리 나랏말이 참으로 좋을씨고(좋을씨구).

ㄷ. 얼씨구 절씨구 오늘날이 좋을씨고.

15. 「-라」

이 어미는 「-이다/아니다」에 붙어 쓰이면서 감탄이나 예스러운 표현을 나타낸다. 비종결어미는 쓰일 수 없다.

(1) ㄱ. 삼월이라 산짇날에 강남 제비 돌아오면….
    ㄴ. 서울이라 요술쟁이 찾아갈 곳 못 되더라.
    ㄷ. 넓고 넓은 이곳이 내 땅이라.
    ㄹ. 오늘이 제비 온다는 삼짇날이라.

16. 「-러라」

시 같은데서 정중한 감탄을 나타낸다.

(1) ㄱ. 아름다운 새벽이러라.
    ㄴ. 설악의 빛과 소리 자연의 신비러라.
    ㄷ. 귀에 쟁쟁 들려옴은 그대 아리따운 목소리러라.

17. 「-로고」

「-로군」과 비슷하되 예스럽거나 괴이한 느낌을 나타낸다.

(1) ㄱ. 그건 알 수 없는 일이로고.
    ㄴ. 여간 맹랑한 놈이 아니로고.
    ㄷ. 참으로 기가 막히는 일이로고.

18. 「-로구나/-로군」

이것은 「-이다/아니다」의 표기에 붙어 「-구나」보다 좀 더 다지는 뜻을 나타낸다. 비종결어미는 쓰이지 않는다.

(1) ㄱ. 벌써 아침이로구나.

ㄴ. 그는 예사스러운 놈이 아니로구나.

ㄷ. 봄! 봄이로구나! 봄이로구나! 봄이로구나! 이팔청춘 뻥끗하는 봄이
로구나.

ㄹ. 이것은 아주 향기로운 풀이로군.

19. 「-로구려/-로구료」
여기의 「-로구료」는 「-로구려」와 같은 뜻을 나타낸다. 이들 어미
는 「-이다/아니다」에 붙어 「-구려」보다 예스럽거나 좀 더 다지는
뜻을 나타낸다.

(1) ㄱ. 부부는 참 좋은 친구로구려.

ㄴ. 벌써 가을이로구려(가을이로구료).

ㄷ. 이건 비싼 것은 아니로구려(아니로구료).

ㄹ. 봄, 봄이구려 봄이구려 봄이로구려.

20. 「-로다」
이것은 「-이다/아니다」의 어간에 붙어 정중한 느낌을 나타낸다.
비종결어미는 쓰일 수 없다.

(1) ㄱ. 그건 참으로 장한 일이로다.

ㄴ. 산은 옛 산이로되 물은 옛 물이 아니로다.

ㄷ. 장은 장이로되 못 먹는 장이로다.

ㄹ. 고향은 고향이로되 옛 고향이 아니로다.

21. 「-ㅁ(음)에랴」

이 어미는 되물으면서 느낌을 나타낸다. 비종결어미는 쓰일 수 없다.

(1) ㄱ. 더 말해 무엇하리, 그렇게 고집을 부림에랴.

　　ㄴ. 미리 좀 가리쳐 주면 어때, 어차피 다 알게 될 것임에랴!

　　ㄷ. 알아본들 무엇하리. 사실이 아님에랴.

22. 「-어라/-아라」

「-어라」는 어간의 모음이 음성모음일 때, 「-아라」는 양성모음일 때 쓰이어 느낌을 나타낸다.

(1) ㄱ. 아이 기분 좋아라.

　　ㄴ. 보름이라 달도 밝아라.

　　ㄷ. 아이 어두워라.

　　ㄹ. 아이 물도 맑아라.

　　ㅁ. 어머니의 사랑은 가이없어라.

　　ㅂ. 인생은 고생이어라.

　　ㅅ. 이번 일은 벅찬 기쁨이어라.

23. 「-은지고」

이것은 동사나 형용사의 어간에 붙어 느낌을 나타낸다.

(1) ㄱ. 많이 먹은지고

　　ㄴ. (너는) 많이도 아는지고

　　ㄷ. 그 아이 가엾은지고

　　ㄹ. 애닮고도 애닮은지고

　　ㅁ. 맑은지고 맑은지고 동해물이 맑은지고

1.5.3. 추측의 뜻을 나타내는 '해라체'의 어미

이에는 「-ㄹ(을)까보다」, 「-ㄹ(을)라」, 「-을세」, 「-ㄹ(을)러라」, 「-ㄹ(을)레」, 「-ㄹ레라」, 「-렸다」, 「-(으)리니라」, 「-리라」, 「-리로다」, 「-은가보다」, 「-는갑다」, 「-을껄」 등이 있다.

1. 「-ㄹ(을)까보다」

이것은 「-을까」에 의존형용사 「-보다」가 합하여 된 것으로 추측을 나타낸다.

(1) ㄱ. 그를 만나 본 지가 1년이나 되었을까보다

　　ㄴ. 그것이 나에게는 맞을까보다

　　ㄷ. 나는 이게 좋을까보다

　　ㄹ. 내일은 추울까보다

2. 「-ㄹ(을)라」

이것은 추측을 나타낸다.

(1) ㄱ. 빨리 가 보자. 그가 왔을라.

ㄴ. 거기는 비가 왔을라. 알아보자.

ㄷ. 아마 그는 이 일을 잊었을라.

3. 「-을세」

이것은 어떤 조건에 따른 추측이나 가능성을 나타낸다. 비종결어미는 「-었-/-았-」, 「-시-」가 쓰일 수 있고 「-겠-」은 불가능하다.

(1) ㄱ. 그는 벌써 집에 갔을세

　　ㄴ. 아저씨가 오시면 너는 좋을세

　　ㄷ. 그녀가 사 준 선물이면 아주 고급일세

　　ㄹ. 너는 아저씨를 따라 미국에 갈세

　　ㅁ. 여기에 있으면 참으로 편안할세

4. 「-ㄹ(을)러라」

이것은 받침 있는 동사나 형용사에 쓰이어 겪은 사실을 바탕으로 한 추측을 나타낸다.

(1) ㄱ. 아무리 찾을래야 못 찾을러라

　　ㄴ. 그것이 이것보다 좀 작을러라

　　ㄷ. 아무리 알아보아도 전혀 모를러라

　　ㄹ. 그것이 이것과 같을러라

5. 「-ㄹ레」

이것은 겪어 본 사실을 바탕으로 하여 추측을 나타낸다. 비종결어미는 「-았-/-었-」, 「-시-」는 쓰일 수 있다.

(1) ㄱ. 그는 벌써 갔을레

ㄴ. 들어 본즉 그 일이 잘 될레

ㄷ. 이보다 그게 더 클레

ㄹ. 그것도 한 가지 멋일레

ㅁ. 거기는 비가 왔을레

6. 「-ㄹ레라」

이것은 「-ㄹ러라」의 변이형태로 「-았-/-었-」, 「-시-」는 쓰일 수 있다.

(1) ㄱ. 무슨 까닭인지 모를레라

ㄴ. 요즈음 그는 꽤 바쁠레라

ㄷ. 거기라면 좋은 곳일레라

ㄹ. 그녀는 벌써 미국으로 떠났을레라

ㅁ. 할아버지는 건강하실레라

7. 「-렸다」

어근에 두루 붙어 확실히 그렇게 되거나 그러할 것임에 대한 추측을 나타내는데 「-었-/-았-」, 「-시-」는 쓰일 수 있다.

(1) ㄱ. 내일쯤은 비가 오렸다.

ㄴ. 이 옷이 좀 크렸다.

ㄷ. 네가 읽고자 하는 책이면 만화책이렸다.

ㄹ. 그는 어제 떠났으렸다.

ㅁ. 아버지는 내일 가시렸다.

8. 「-리니라」

이것은 어떤 사실을 추측하여 가르쳐 주는 종결어미이다. 비종결어미는 잘 쓰이지 못하는 듯하다.

(1) ㄱ. 진달래꽃도 피리니라.

ㄴ. 그는 말과 행동이 다르리니라.

ㄷ. 쉽게 할 수 있는 일이리니라.

ㄹ. 그 아가씨는 예쁘리니라.

9. 「-리라」

받침 없는 어간이나 ㄹ받침 어간에 붙어서 추측의 뜻을 나타내는데, 「-었-/-았-」, 「-시-」는 쓰일 수 있다.

(1) ㄱ. 우리 다시 만나리라.

ㄴ. 그 경치 아름다우리라.

ㄷ. 그는 어제 입사하였으리라.

ㄹ. 그곳에는 어제 눈이 왔으리라.

10. 「-리로다」

받침 없는 어간이나 ㄹ받침 어간에 붙어 주로 정중하거나 예스러운 글체에 쓰이는 종결어미로 「-었-/-았-」「-시-」는 쓰일 수 있다.

(1) ㄱ. 우리는 그 꿈을 이루리로다.

ㄴ. 뒷동산에는 진달래로 아름다우리로다.

ㄷ. 그것은 한갓 꿈이리로다.

ㄹ. 그는 고시에 합격하였으리로다.

11. 「-으리니라」

받침 있는 어간에 붙어 추측을 나타내는데 「-었-/-았-」, 「-겠-」
이 쓰일 수 있다.

(1) ㄱ. 그 거리라면 벌써 갔으리니라.

    ㄴ. 내일은 날씨가 맑으리니라.

    ㄷ. 어려운 일이 아니었으리니라.

    ㄹ. 내년은 풍년이 들겠으리니라.

    ㅁ. 그가 아마 왔으리니라.

12. 「-는갑다」

이것은 「-는가 보다」의 준말로 추측을 나타내는데 「-었-/-았-」,
「-겠-」, 「-시-」 등이 쓰일 수 있다.

(1) ㄱ. 그는 지금 떠나는갑다.

    ㄴ. 거기는 언제 눈이 왔는갑다.

    ㄷ. 큰소리치는 것을 보니 그가 씨름에서 이기겠는갑다.

    ㄹ. 지금 선생님이 전근 가시는갑다.

    ㅁ. 누가 너를 찾는갑다.

13. 「-을걸/-을껄」

이것은 「-을 것을」이 줄어서 「-을걸」이 되고 「-걸」이 ㄹ 밑에서
된소리화하여 「-을껄」로 되었다. 비종결어미 「-었-/-았-」, 「-시-」

가 쓰일 수 있다.

(1) ㄱ. 그는 이 책을 다 읽었을걸.

ㄴ. 그녀는 모래 결혼을 할걸(껄).

ㄷ. 아버지는 주무실걸(껄).

ㄹ. 죄인은 그 사람이 아닐걸.

ㅁ. 내일은 달이 밝을걸.

이 어미는 반말투로도 쓰이나 '해라'체로도 쓰이는 혼란상을 보이고 있다. 대개는 반말체에 쓰인다.

1.5.4. 의사의 뜻을 나타내는 '해라체'의 어미

이에는 「-ㄹ(을)거야」, 「-ㄹ(을)래」, 「-을(ㄹ)게」, 「-ㄹ(을)사」, 「-리라」, 「-(으)려더라」, 「-(으)련다」, 「-을까보다」, 「-을까」, 「-리로다」 등이 있다.

1. 「-ㄹ(을)거야」

이 어미는 「-ㄹ(을) 것이야」가 줄어서 된 것으로 비종결어미가 쓰이면 추측의 뜻을 나타낸다.

(1) ㄱ. 나는 집에 갈거야.

ㄴ. 나는 불고기를 먹을거야.

ㄷ. 나는 너를 믿을거야.

이 「-을거야」는 「-을 것이야」로 말하여야 하나 요즈음은 말을 줄여서 하는 것이 일반화되었기 때문에 「-ㄹ(을)거야」를 하나의 어미로 보아야 할 것 같아서 여기에서 다루게 된 것이다. 이것이 의사의 어미로 쓰일 때의 주어는 1인칭이 되어야 한다.

2. 「-ㄹ(을)래」

이 어미는 말할이 자신의 의사를 나타낸다. 상대방의 의사를 말할 때는 물음이 된다. 그런 보기는 '물음조'에서 다룰 것이다.

(1) ㄱ. 이 책은 내가 가질래.
    ㄴ. 이 곰탕은 내가 먹을래.
    ㄷ. 나는 집에 갈래.

3. 「-을(ㄹ)게」

이 어미는 동사에 쓰이며 비종결어미는 쓰일 수 없다.

(1) ㄱ. 나는 이것을 가질게.
    ㄴ. 나는 집에 있을게.

이 어미의 주어는 1인칭에 한한다.

4. 「-ㄹ(을)사」

동사에 붙어 의사를 나타낸다.

(1) ㄱ. 우리 그에 대하여는 말하지 말사

ㄴ. 이 일은 내가 할사

이 어미는 그리 잘 쓰이지 않는데 문맥에 따라서는 감탄을 나타
내기도 한다.

(2) ㄱ. 일이 잘 되어 좋음도 좋을사.
ㄴ. 달도 밝을사 이 밤이여.

5. 「-(으)리라」
이 어미는 동사의 어간에 붙어 의사를 나타낸다.

(1) ㄱ. 나는 이제 가리라.
ㄴ. 꼭 찾아내고 말리라.
ㄷ. 나는 그로부터의 선물을 받으리라.
ㄹ. 나는 가리라 정처 없이.

6. 「-려더라」
이것은 「-려 하더라」가 줄어서 된 것으로 「-더라」 때문에 서술로
보아야 하나 「-려」 때문에 의사를 나타내는 어미로 다룬다.

(1) ㄱ. 그는 공부를 열심히 하려더라.
ㄴ. 너는 그때 공부를 안 하고 자려더라.
ㄷ. 영미는 대학원에 진학하려더라.

실지로 의사를 나타내는 어미로 다루려면 말할이의 의사를 나타

내어야 하는데 그렇지 못하니, 이 어미는 서술에서 다루어야 한다.

7. 「-련다」

이 어미는 「-려 한다」가 줄어서 된 것으로 말할이의 의사를 나타
낸다. 비종결어미는 쓰일 수 없다.

(1) ㄱ. 어린 악기 손을 잡고 감자 심고 수수 심는 두메산골 내 고향에
　　　가련다. 떠나련다.
　　ㄴ. 고향으로 돌아가련다.
　　ㄷ. 나는 이제 공부하련다.
　　ㄹ. 나는 여기서 고향을 지키련다.

8. 「-을까보다」

이 어미는 「-을까」에 도움형용사 '보다'가 합하여 된 것으로 의사
를 나타낸다. 주어는 1인칭 때이다.

(1) ㄱ. 이제 그만 갈까보다
　　ㄴ. 지금 점심을 먹을까보다
　　ㄷ. 공부를 좀 해볼까보다
　　ㄹ. 그를 도와 줄까보다

9. 「-을까」

동사 어간에 붙어 의사를 나타낸다. 비종결어미는 쓰일 수 없다.
주어는 1인칭 때이다.

(1) ㄱ. 그와 같이 여행이나 할까.

ㄴ. 잠이나 좀 자 볼까.

ㄷ. 돈을 벌어 볼까.

ㄹ. 그에게 이 문제에 대하여 물어 볼까?

10. 「-리로다」

동사의 어간에 붙어 그렇게 할 의사를 나타낸다. 비종결어미는 쓰일 수 없다. 주어는 1인칭 때이다.

(1) ㄱ. 나는 가리로다 정처 없이.

ㄴ. 그 일을 꼭 이루고 말리로다.

ㄷ. 나 이제 가리로다.

이 어미는 문맥에 따라 감탄이나 추측을 나타내기도 한다.

1.5.5. 망설임과 염려의 뜻을 나타내는 '해라체'의 어미

이에는 「-을까말가」, 「-로라」, 「-을(ㄹ)세라」가 있다.

1. 「-을까말까」

이 어미는 동사 어간에 붙어 어떤 행동을 망설임을 나타낸다. 비종결어미는 쓰일 수 없다. 이 어미는 「-을까」에 「-말다」의 망설임의 「말까」가 합하여 된 것이다.

(1) ㄱ. 오늘은 학교에 갈까말까.

ㄴ. 이것을 너에게 줄까말까.

ㄷ. 이 음식을 먹을까말까.

이 어미는 문맥에 따라 물음의 뜻을 나타내기도 한다.

2. 「-ㄹ(을)라」

동사 어간에 붙어서 염려를 나타낸다. 비종결어미 「-었-/-았-」, 「-시-」가 쓰일 수 있다.

(1) ㄱ. 그가 갔을라. 어서 가 보자.

ㄴ. 꼭 잡아라. 떨어질라.

ㄷ. 옷을 그렇게 입고 추울라.

ㄹ. 혹 그것이 가짤라.

3. 「-을(ㄹ)세라」

동사 어간에 붙어 염려를 나타내는데 「-았-/-었-」, 「-시-」를 취할 수 있다.

(1) ㄱ. 어린이가 혹 물가에 갈세라

ㄴ. 소가 벼를 먹었을세라

ㄷ. 가는 길이 험할세라

ㄹ. 거기가 위험한 곳일세라

ㅁ. 아버지가 술을 너무 많이 드실세라

이 어미는 문맥에 따라 까닭이나 느낌을 나타내기도 한다.

1.5.6. 가능의 뜻을 나타내는 '해라체'의 어미

이에는 「-ㄹ(을)러라」, 「-ㄹ(을)레라」, 「-ㄹ(을)레」 등이 있다.

1. 「-ㄹ(을)러라」

서술어의 어간에 두루 붙어 겪은 사실을 바탕으로 한 가능성을 나타낸다. 비종결어미는 쓰이지 않는다.

(1) ㄱ. 아무리 보아도 모를러라

　　ㄴ. 나는 그 음식이라면 얼마든지 먹을러라

　　ㄷ. 백리라도 달려갈러라

　　ㄹ. 그의 말은 믿어도 좋을러라

　　ㅁ. 너 같으면, 얼마든지 할 수 있을러라

이 어미는 문맥에 따라서는 추측이나 느낌을 나타낸다.

2. 「-ㄹ(을)레라」

이것은 「-ㄹ(을)러라」의 변이형태로서 가능을 나타낸다. 이 어미도 문맥에 따라서 감탄이나 추측을 나타낼 수 있다.

(1) ㄱ. 이 줄다리기에서 우리 편이 이길레라

　　ㄴ. 구경이 좋다니까 많은 사람들이 모일레라

　　ㄷ. 올해는 풍년이 들레라

　　ㄹ. 내라면, 헤엄 쳐서 그 강을 건널레라

　　ㅁ. 그녀는 미쓰 코리아에 당선될레라

3. 「-ㄹ(을)레」

이 어미는 문맥에 따라서는 추측을 나타내기도 하나 가능을 나타
낸다. 가능을 나타낼 때는 「-었-/-았-」은 쓰일 수 없다.

(1) ㄱ. 알아본즉, 이번 일이 잘 될레

ㄴ. 그가 이번 시험에서는 합격할레

ㄷ. 그가 이 밥을 다 먹을레

1.5.7. 다짐(확인), 강도의 뜻을 나타내는 '해라체'의 어미

이에는 「-것다」, 「-는다니까」, 「-라야지」, 「-렸다」, 「-야지」, 「-
고말고」, 「-다마다」, 「-다말다」 등이 있다.

1. 「-것다」

이것은 어떤 움직임이나 상태 따위를 다짐(확인)함을 나타낸다.
최현배 선생의 『우리말본』 이래로 「-것-」을 비종결어미로 다루고
있어 글쓴이도 그렇게 다루었으나 여기서는 어미로 다루기로 하겠
다. 비종결어미 「-었-/-았-」, 「-시-」를 붙여 쓸 수 있다.

(1) ㄱ. 서리가 많이 내린 것을 보니 오늘은 따뜻하것다.

ㄴ. 그는 틀림없는 사람이것다.

ㄷ. 그는 돈도 있것다. 실력도 있것다. 무슨 걱정이겠느냐?

ㄹ. 그의 모습을 보니 돈이 많것다.

2. 「-는다니까」

이것은 「-는다 하니까」가 줄어든 말로 상대편에게 따지어 나타내는 뜻을 가진다. 「-었-/-았-」, 「-겠-」이 쓰이면 「-다니까」로 되고 「-시-」가 쓰이면 「-ㄴ다니까」로 된다.

(1) ㄱ. 나는 지금 서울 간다니까.

　　ㄴ. 내일은 눈이 오겠다니까.

　　ㄷ. 철민이는 집에 갔다니까

　　ㄹ. 아버지는 시장에 가신다니까

　　ㅁ. 미타산은 아름답다니까.

　　ㅂ. 그는 착한 학생이라니까.

(1ㅂ)에서 보면, 「-이다」에 「-는다니까」가 오니까, 「-라니까」로 됨을 알 수 있다.

3. 「-라야지」

이것은 「-라야 하지」가 줄어서 된 것으로 비종결어미는 쓰이지 못한다.

(1) ㄱ. 옷은 새 옷이라야지.

　　ㄴ. 낡은 것이 아니라야지.

　　ㄷ. 먹거리도 좋은 것이라야지

4. 「-렸다」

서술어의 어간에 붙어 으레 그렇게 하거나 그려해야 할 것임을 다지는 뜻을 나타낸다. 비종결어미는 잘 쓰이지 않은 것 같다.

(1) ㄱ. 다시는 두 말 못 하렸다.

ㄴ. 또다시 찾아오지 않으렸다.

ㄷ. 두 번 다시 말썽을 부리지 않으렸다.

ㄹ. 우리가 반드시 이기렸다.

5. 「-(어/아)야지」
양성음절 아래서는 「-아야지」가 쓰이고 음성음절 아래서는 「-어
야지」가 쓰인다.

(1) ㄱ. 나도 가고 나도 가야지

ㄴ. 어서 밥을 먹어야지

ㄷ. 아버지도 가시야지

ㄹ. 떠날려면, 날이 밝아야지

ㅁ. 옷은 새것이야지

6. 「-고말고」
이것은 '그렇게 함이나 그러함'을 강조하는 종결어미로 비종결어
미는 쓰일 수 없다. 행동이나 상태를 긍정적으로 강조한다.

(1) ㄱ. 그 모임에 가시겠습니까? 물론 가고말고

ㄴ. 같이 식사를 하시겠습니까? 물론 식사를 하고말고

ㄷ. 이번 모임에 오시겠습니까? 그럼 가고말고

ㄹ. 그곳이 조용합니까? 물론, 조용하고말고

ㅁ. 이것이 보물입니까? 그럼 귀중한 보물이고말고

7. 「-다마다」
이 어미는 위의 「-고말고」와 같은 뜻으로 쓰이는데 비종결어미
는 쓰이지 못한다.

(1) ㄱ. 놀러 오시겠습니까? 그럼 가다마다.
   ㄴ. 돈을 좀 벌려 주시겠습니까? 그럼 빌려 주다마다.
   ㄷ. 같이 여행하시겠습니까? 물론 같이 여행하다마다.

8. 「-다말다」
이 어미는 위의 「-다마다」와 같은 종결어미로서 비종결어미는
쓰이지 못한다.

(1) ㄱ. 이것을 드시겠습니까? 물론 들다말다.
   ㄴ. 이곳에서 머물겠습니까? 그럼 이곳에서 머물다말다.
   ㄷ. 그곳이 그리도 좋습니까? 물론 좋다말다.

이 어미는 아마 사투리에서 쓰이는 말투 같다.

1.5.8. 당연, 주장의 뜻을 나타내는 '해라체'의 어미

이에는 「-더라니」, 「-더라니까」, 「-라니까」 등이 있다.

1. 「-더라니」

이것은 「-더라 하니」가 줄어서 된 것으로 '당연하다'는 뜻을 나타내는 종결어미로 「-었-/-았-」, 「-겠-」, 「-시-」가 쓰일 수 있다.

(1) ㄱ. 가지 말라도 기어이 가더라니

ㄴ. 그 사람 인상이 좋지 않더라니

ㄷ. 그렇게 낡은 것이라더니

ㄹ. 꼭 모슨 일을 저지르고 말겠더라니

ㅁ. 싸우지 말라 하였는데 싸웠더라니

2. 「-더라니까」

이것은 「-더라 하니까」가 줄어서 된 것으로 지난 사실을 돌이켜 확인시키거나 주장할 때 쓰이는 종결어미로 비종결어미가 쓰일 수 있다.

(1) ㄱ. 글쎄 가지 말라도 그가 가더라니까.

ㄴ. 이것을 먹어서는 안 된다 하였는데도 먹더라니까.

ㄷ. 그가 바로 십년 전의 그 학우였더라니까.

ㄹ. 그건 거짓말이었더라니까.

ㅁ. 그 옷감은 검지 않고 희더라니까.

3. 「-라니까」

이 어미는 「-이다/아니다」에 쓰이어 어떤 사실을 다시 확인시키거나 강조하여 알려 주는 뜻을 나타낸다.

(1) ㄱ. 그것은 내것이라니까

ㄴ. 그 사람이 아니라니까

ㄷ. 이것이 바로 고려청자라니까

ㄹ. 여기가 경주 포석정이라니까

이 어미는 문맥에 따라 명령의 뜻을 나타내기도 한다.

1.5.9. 약속의 뜻을 나타내는 '해라체'의 어미

이에는 「-ㄹ(을)게/ㄹ(을)께」, 「-마」 등이 있다.

1. 「-ㄹ(을)게/-ㄹ(을)께」

이 어미는 동사의 어간에 붙어 자기가 어떻게 할 뜻을 상대방에게 약속함을 나타낸다. 비종결어미는 쓰이지 않는다. 「-ㄹ(을)께」는 「-ㄹ(을)게」가 그렇게 발음됨을 나타내는데 사전에서는 하나의 형태소로 인정하지 않고 있다.

(1) ㄱ. 이 피아노를 너에게 사줄게.

ㄴ. 일찍 갔다가 오늘 중으로 돌아올게(께).

ㄷ. 그 문제에 관해서는 내가 해결할게(께).

ㄹ. 내가 자네를 도와줄게.

2. 「-마」

이 어미는 받침 유무에 관계없이 동사에 쓰여 자기가 그 행동을 하겠다는 약속을 나타낸다. 비종결어미는 쓰일 수 없다.

(1) ㄱ. 그 일을 내가 맡아 보마

　　ㄴ. 이것을 너에게 주마

　　ㄷ. 그 어려운 문제는 내가 해결해 주마

　　ㄹ. 이것은 내가 먹으마

　　ㅁ. 전화는 내가 받으마

2. 의문법의 대우법

말할이가 들을이에게 알고자 하는 어떤 일에 대하여 묻거나 상대방의 의사를 묻거나 하는 어법으로서 이에도 극존칭, 보통존칭, 보통비칭, 극비칭의 네 등급의 대우법이 있고 그 이외에 동급 외의 반어법이 있다. 차례에 따라 설명해 가기로 한다.

2.1. 의문법의 극존칭

이에는 말할이가 어떤 일이나 사실에 대하여 몰라서 상대 어른에게 알려 달라고 묻는 의문법과 상대 어른의 의사를 묻는 의문법의 두 경우가 있다.

2.1.1. 말할이가 상대 어른에게 답을 요구하는 '합쇼체'의 어미

이에는 「-ㄴ(는)답니까」, 「-ㄴ(는)답디까」, 「-더이까」, 「-더니이까」, 「-더랍니까」, 「-더랍디까」, 「-더이까」, 「-랍니까」, 「-으랍디까」, 「-ㅂ(읍)니까」, 「-ㅂ(읍)디까」, 「-사옵니까」, 「-사옵디까」, 「-습니까」, 「-습디까」, 「-(으)오니까」, 「-으옵니까」, 「-으옵디까」 등이 있다.

1. 「-ㄴ(는)답니까」

이것은 「-ㄴ(는)다 합니까」가 줄어서 된 어미인데 형용사와 「-었-/-았-」, 「-겠-」에 쓰이면 「-답니까」로 되고 「-이다/아니다」에 쓰이면 「-랍니까」로 된다.

  (1) ㄱ. 선생님, 영순이가 어디로 간답니까?

      ㄴ. 철이는 고시에 합격하였답니까?

      ㄷ. 그는 언제 이사한답니까?

      ㄹ. 민수가 철수를 이기겠답니까?

      ㅁ. 아버지, 할아버지는 언제 오신답니까?

      ㅂ. 이것이 무엇이랍니까?

      ㅅ. 영미가 착하답니까?

2. 「-ㄴ(는)답디까」

이것은 「-ㄴ(는)다 합디까」가 줄어서 된 것으로 형용사와 「-었-/-았-」, 「-겠-」에 쓰이면 「-답디까」로 되고 「-이다/아니다」에 쓰이면 「-랍디까」로 된다.

  (1) ㄱ. 그것이 무엇이랍디까?

      ㄴ. 그는 언제 왔답디까?

      ㄷ. 그녀는 예쁘답디까?

      ㄹ. 호수는 공부를 잘 한답디까?

      ㅁ. 영실이는 훌륭한 과학자였답디까?

3. 「-더이까」

이 어미는 지난 사실을 돌이켜 생각하여 정중하게 예스럽게 말할 때 쓰인다. 비종결어미를 취할 수 있다.

(1) ㄱ. 할아버지, 그곳은 날씨가 어떠하더이까?

ㄴ. 그 보자기에 든 것이 무엇이더이까?

ㄷ. 칠보는 공부를 잘 하더이까?

ㄹ. 저 소가 여물을 잘 먹더이까?

ㅁ. 억수가 벌써 다녀왔더이까?

4. 「-더니이까」

이 어미는 지난 사실을 돌이켜 생각하여 정중하게 예스럽게 말할 때 쓰인다. 비종결어미를 취할 수 있고 서술어 제약은 없다.

(1) ㄱ. 금년 농사가 어떠하더니이까?

ㄴ. 이번에 받은 상금은 얼마이더니이까?

ㄷ. 금돌이는 잘 있더니이까?

ㄹ. 금수는 그 책을 잘 읽더니이까?

ㅁ. 거기는 풍년이 들었더니이까?

ㅂ. 길이 험하여 차가 다니겠더니이까?

5. 「-더랍니까」

이 어미는 「-더라 합니까」가 줄어서 된 것으로 비종결어미를 취할 수 있고 서술어 제약은 없다.

(1) ㄱ. 그는 잘 지내더랍니까?

　　ㄴ. 비가 많이 와서 수해는 없었더랍니까?

　　ㄷ. 제주도 귤은 그곳의 명산품이더랍니까?

　　ㄹ. 지리산의 경치는 어떠하더랍니까?

6. 「-더랍디까」

이것은 「-더라 합디까」가 줄어서 된 것으로 「-더라 합니까」는 이전의 것을 회상하여 묻는다면 「-더라 합디까」는 과거의 일에 대하여 회상하여 묻는 어미이다.

(1) ㄱ. 그가 뭐라 하더랍디까?

　　ㄴ. 그때 거기에 비가 왔더랍디까?

　　ㄷ. 그 고기가 크더랍디까?

　　ㄹ. 그가 좋은 사람이랍디까?

　　ㅁ. 철수가 그 일을 하겠더랍디까?

이 어미가 「-이다/아니다」에 쓰일 때는 「-랍디까」로 되는데 비종결어미를 취할 수 있고 서술어 제약은 없다.

7. 「-더이까」

모든 서술어의 어간에 붙어 지난 사실을 돌이켜 생각하여 정중하게나 예스럽게 물을 때의 물음어미이다. 비종결어미가 쓰일 수 있다.

(1) ㄱ. 그는 어디로 가더이까?

　　ㄴ. 그 행사가 좋더이까?

ㄷ. 그 보자기에 든 것이 무엇이더이까?

ㄹ. 그는 잘 살겠더이까?

ㅁ. 철수는 거기에 무사히 도착하였더이까?

8. 「-으랍니까」

이 어미는 「-으라 합니까」가 줄어서 된 것으로 받침 있는 어간에 붙어 쓰인다. 비종결어미는 「-시-」만 쓰일 수 있다. 「-이다/아니다」에도 쓰일 수 있다.

(1) ㄱ. 무엇을 먹으랍니까?

ㄴ. 어느 책을 읽으랍니까?

ㄷ. 누구를 믿으랍니까?

ㄹ. 이것이 무엇이랍니까?

이 어미가 「-랍니까」로 될 때는 받침 없는 모든 서술어에 다 쓰일 수 있다.

(1) ㄱ. 이것이 무엇이랍니까?

ㄴ. 어디로 가시랍니까?

ㄷ. 누구를 보고 착하랍니까?

ㄹ. 무슨 공부를 하랍니까?

9. 「-으랍디까」

이 어미는 「-으라 합디까」가 줄어든 것으로 받침 있는 서술어에 쓰인다. 비종결어미는 쓰일 수 없다.

(1) ㄱ. 무슨 책을 읽으랍디까?

ㄴ. 무슨 약을 먹으랍디까?

ㄷ. 어디에 있으랍디까?

ㄹ. 이 이상 어떻게 아름다워랍디까?

이 어미도 「-으랍니까」와 같이 「-랍디까」로, 쓰이면 받침 없는 어간에 붙어 쓰이므로 「-이다/아니다」에도 쓰일 수 있다. 비종결어미는 「-시-」만이 쓰인다.

(1)′ ㄱ. 어떻게 착하랍디까?

ㄴ. 이 가방 안에 든 것이 무엇이랍디까?

ㄷ. 이것의 값이 얼마랍디까?

ㄹ. 어디로 오랍디까?

여기에 덧붙일 것은 「-다/-라 합디까」가 줄어서 「-다랍디까」로 쓰이는 일이 있다

(2) ㄱ. 이것이 어떻다랍디까?

ㄴ. 그가 잘 있다랍디까?

ㄷ. 그는 그 약을 잘 먹었다랍디까?

이것은 지금 하나의 물음어미로 보아질지 모르나 요즈음 말을 줄여서 하는 경우가 많으므로 이것이 굳어지면 하나의 어미로 보아질 수 있을 것이다.

10. 「-러이까」

이 어미는 「-더이까」의 뜻으로 「-이다/아니다」의 어간에만 붙어 쓰인다. 비종결어미는 쓰일 수 없다.

(1) ㄱ. 그는 어떤 사람이러이까?

　　ㄴ. 그는 박사가 아니러이까?

　　ㄷ. 그의 말이 참이러이까?

11. 「-ㅂ(습)니까」

이 어미는 받침 없는 어간에 쓰이어 물음을 나타내나 받침이 있는 서술어에 쓰일 때는 「-습니까」로 쓰인다. 맞춤법이 개정되기 전에는 「-읍니까」도 있었지만 「-습니까」와 쓰이는 경우의 구별이 잘 안 될 뿐만 아니라, 일반적으로 「-습니까」가 많이 쓰였기 때문이다.

(1) ㄱ. 이것이 무엇입니까?

　　ㄴ. 어디로 가십니까?

　　ㄷ. 어떤 일을 하였습니까?

　　ㄹ. 이곳의 공기가 얼마나 맑습니까?

　　ㅁ. 이 고기의 맛이 어떻습니까?

　　ㅂ. 언제 떠나시겠습니까?

　　ㅅ. 그녀는 얼마나 착합니까?

12. 「-ㅂ(습)디까」

이 어미는 받침 없는 어간에 쓰인다. 이는 상대방이 보았거나 들었거나 겪은 사실에 대하여 묻는 물음어미인데 받침이 있는 어간에 쓰일 때의 물음에는 「-습디까」가 쓰인다.

(1) ㄱ. 그는 요즈음 어떻게 지냅디까?

ㄴ. 속리산이 얼마나 아름답습디까?

ㄷ. 지난번 대통령 출마자는 어떤 사람입디까?

ㄹ. 그는 박사가 아닙디까?

ㅁ. 어디로 가십디까?

ㅂ. 그들은 무슨 일을 하였습디까?

13. 「-사옵니까」

이 어미는 「-사옵」에 「-니이까」가 줄어서 합하여 된 것으로 비종결어미를 취할 수 있는데 다만 「-시-」는 쓰일 수 없다. 이 자체가 높임인데 또 「-시-」가 쓰일 수 없기 때문이다. 그러나 「-시었-」, 「-시겠-」으로 쓰이면 가능하다. 서술어로 「-이다/아니다」는 쓰일 수 없다.

(1) ㄱ. 선생님은 그 사람을 믿사옵니까?

ㄴ. 어찌하여 그를 믿었사옵니까?

ㄷ. 해운대가 얼마나 아름답사옵니까?

ㄹ. 여기서 무엇을 찾사옵니까?

ㅁ. 선생님은 무슨 일을 오래 하셨사옵니까?

ㅂ. 이번 일은 잘 되시겠사옵니까?

이 어미는 반드시 받침 있는 서술어에 쓰인다. 이 어미는 서술어의 받침이 'ㅊ, ㄷ, ㅈ'일 때 쓰이는데 비종결어미는 쓰이지 못한다.

(2) ㄱ. ⅰ 누구의 말을 듣자옵나이까?

　　　 ⅱ 누구의 말을 듣자옵니까?

　　ㄴ. ⅰ 누구의 노선을 쫓자옵나이까?

　　　 ⅱ 누구의 노선을 쫓자옵니까?

이 어미는 「-자옵나이까」로 많이 쓰이나 「-자옵니까」로도 쓰이는데 요즈음은 그리 많이 쓰이지 않는 듯하다. 예스러운 글말투이기 때문이다. 또 연결어미로 「-자옵고」로도 쓰이나 서술어미로 「-자옵나이다」로도 쓰인다.

14. 「-사옵디까」

이 어미는 「-사옵-」에 「-더이까」가 줄어 합하여진 것으로 비종결어미 중 「-시-」는 쓰일 수 없다. 그 까닭은 「-사옵니까」에서 말한 바와 같다. 다만 「-시었-」, 「-시겠-」과 같은 경우는 가능하다. 그리고 「-이다/아니다」는 쓰일 수 없으며 받침 없는 서술어는 쓰일 수 없다.

(1) ㄱ. 선생님은 어디를 가셨사옵디까?

　　ㄴ. 선생님께서 언니를 이기시겠사옵디까?

　　ㄷ. 그는 무슨 일을 하였사옵디까?

　　ㄹ. 이번 잔치는 거룩하였사옵디까?

　　ㅁ. 그것이 무엇이었사옵디까?

　　ㅂ. 선생님은 어디에 있사옵디까?

이 어미도 「-사옵니까」의 경우와 같이 동사의 받침이 'ㄷ, ㅈ, ㅊ'

일 때는 「-사옵디까」로 된다. 이는 예스러운 글말체의 어미이다.

(2) ㄱ. 선생님은 그의 말을 믿자옵디까?

　　 ㄴ. 그는 누구의 길을 쫓자옵디까?

15. 「-으오니까」

이것은 받침 있는 형용사의 어간에 붙어 예스러운 표현을 나타내는 물음어미이다.

(1) ㄱ. 그 산은 얼마나 높으오니까?

　　 ㄴ. 그렇게도 많으오니까?

　　 ㄷ. 이 연못이 그렇게 깊으오니까?

이 어미가 받침 없는 어간에 쓰일 때는 「-오니까」로 된다.

(2) ㄱ. 그녀는 얼마나 착하오니까?

　　 ㄴ. 이 보석이 그렇게도 비싸오니까?

　　 ㄷ. 영수는 참으로 착하오니까?

이 어미에 「-사옵-」이 합하여 「-사오니까」로 될 수 있다. 이때는 「-옵-」이 준다.

(3) ㄱ. 이 등불이 밝사오니까?

　　 ㄴ. 이 방이 어둡사오니까?

16. 「-으옵니까」

이 어미는 「-으옵」에 「-나이까」가 줄어서 합하여 된 것으로 받침 있는 동사나 형용사에 쓰이어 물음을 나타낸다. 비종결어미는 「-시-」만이 쓰인다.

(1) ㄱ. 이 책을 읽으옵니까?

ㄴ. 그녀를 믿으옵니까?

ㄷ. 이 선물을 받으시옵니까?

ㄹ. 이 물이 깊으옵니까?

받침이 없는 서술어에 쓰이면 「-옵니까」로 된다.

(2) ㄱ. 어디로 가옵니까?

ㄴ. 무슨 공부를 하옵니까?

ㄷ. 그 학생이 얼마나 착하옵니까?

17. 「-으옵디까」

이 어미는 「-으옵」에 「-더이까」가 줄어 합하여 된 것으로 지나간 일을 돌이켜 생각하여 묻는 물음어미이다. 예스러운 글말투의 말이다.

(1) ㄱ. 그는 이 책을 잘 읽으옵디까?

ㄴ. 철수는 우리 말을 잘 믿으옵디까?

ㄷ. 그녀는 아주 불평 없이 저의 선물을 잘 받으옵디까?

이 어미도 받침 없는 동사나 형용사나 「-이다/아니다」에 쓰이면 「-옵디까」로 된다. 비종결어미 「-시-」가 쓰일 수 있다.

(2) ㄱ. 그는 아무 말도 없이 가옵디까?

ㄴ. 이것이 그렇게도 소중한 물건이옵디까?

ㄷ. 그는 그렇게도 무던하옵디까?

ㄹ. 선생님은 어디로 가시옵디까?

이 어미에 「-사옵-」과 「-자옵-」이 줄어서 합하여 쓰일 수 있는데, 그때는 「-옵-」이 거듭되기 때문에 줄어든다.

(3) ㄱ. 그 어른은 저의 편지 내용을 믿자옵디까?

ㄴ. 할아버지는 어디를 찾자옵디까?

ㄷ. 선생님은 무슨 선물을 잘 받사옵디까?

ㄹ. 그 방안은 얼마나 밝사옵디까?

2.1.2. 말할이가 상대 어른의 뜻을 묻는 '합쇼체'의 어미

이에는 「-(으)렵니까」, 「-(으)리까」, 「-(으)오리까」, 「-(으)오리이까」가 있다.

1. 「-(으)렵니까」

이 어미는 「-려고 합니까」가 줄어서 된 것으로 상대방의 의사를 묻는 합쇼체의 어미이다. 비종결어미는 「-시-」가 많이 쓰인다. 「-으렵니까」는 받침 있는 동사에 쓰이고 「-렵니까」는 받침 없는 동사에 쓰인다.

(1) ㄱ. 무슨 일을 하시렵니까?

ㄴ. 언제 떠나렵니까?

ㄷ. 선생님은 그를 믿으시렵니까?

ㄹ. 그 둔재를 잘 가르치시렵니까?

ㅁ. 어디로 가시렵니까?

이 어미에는 「-시-」가 쓰이는 것이 일반적이다.

2. 「-(으)리까」

이 어미는 동사의 어간에 붙어 그렇게 할 뜻을 상대에게 묻는 물음어미이다.

(1) ㄱ. 제가 그 일을 해보리까?

ㄴ. 어떻게 하오리까?

ㄷ. 무엇을 드리오리까?

ㄹ. 무슨 책을 읽으오리까?

ㅁ. 어디로 가오리까?

ㅂ. 어디로 가시오리까?

이 어미에 「-시-」가 쓰일 수 있다. 그리고 이 어미는 추측을 나타내는 일도 있다.

(2) ㄱ. 이 한밤중에 누가 찾아오리까?

ㄴ. 그녀의 신랑이 얼마나 착하리까?

ㄷ. 어디로 가옵기로 임의 나라가 아니리까?

ㄹ. 그이가 얼마나 착하리까?

3. 「-(으)오리까」

이 어미는 「-으리까」의 예스럽고 정중한 말이다.

(1) ㄱ. 어떻게 하오리까?

ㄴ. 이 또한 임의 뜻이 아니오리까?

ㄷ. 이것을 선물로 보냄이 어떠하오리까?

ㄹ. 이 종이를 뜯으오리까?

이 어미에는 「-사옵-」, 「-자옵-」이 들어가 줄어서 합하여 「-사오리까」, 「-자오리까」로 된다. 이때 「-옵-」은 줄어든다.

(2) ㄱ. 이 잔을 받자오리까?

ㄴ. 그 사랑을 좇자오리까?

ㄷ. 이 옷을 입사오리까?

4. 「-으오리이까」

이 어미는 「-오리까」의 예스럽고 정중한 말이다.

(1) ㄱ. 어찌 하오리이까?

ㄴ. 할아버지께서 이 글을 읽으오리이까?

ㄷ. 이것이 선물로서 어떠하오리이까?

ㄹ. 어차피 할아버지의 몫이 아니오리이까?

ㅁ. 이 귀한 선물을 받자오리이까?

ㅂ. 이 병풍으로 윗바람을 막사오리이까?

「으오리이까」에는 (ㅁ, ㅂ)에서 보는 바와 같이 「-자오-」「-사오」
가 쓰일 수 있는데, 이때 「-오-」는 줄어든다. 「-오-」가 두 개 있기
때문이다.

5. 「-리이까」

이 어미는 「-시리이까」의 형태로도 쓰인다. 비종결어미 「-았
-/-었-」, 「-겠-」, 「-리-」는 쓰일 수 없다. 동사에만 쓰인다.

(1) ㄱ. 가시리, 가시리이까, 버리고 가시리이까?

ㄴ. 어찌 하리이까?

ㄷ. 이 일을 도우리이까?

이 어미는 「-리까」의 예스럽고 정중한 말이다.

2.2. 의문법의 보통존칭

이 법은 아우가 형에게, 후배가 선배에게, 형부가 처제에게 또는
제부가 처형에게 대하여 '제가 -소(오)' 식으로 하는 어법으로 1)
상대방의 대답을 요구하는 물음어미와 2) 상대방의 의사를 물어 보
는 어미의 두 가지가 있다.

2.2.1. 상대방의 대답을 요구하는 어미

이에는 「-ㅂ(읍)죠」, 「ㅂ(읍)지요」, 「-소(오)」, 「-어요/-아요」, 「-지요」, 「-으리요」, 「-나요」 등이 있다.

1. 「-ㅂ(읍)죠」

어미는 「-ㅂ지요/-읍지요」의 준말이다. 서술어 제약은 없으나 「-습죠」로도 쓰인다.

(1) ㄱ. 그 일은 사실입죠?

ㄴ. 눈이 많이 왔습죠?

ㄷ. 내일은 비가 오겠습죠?

ㄹ. 날씨가 따뜻합죠?

이 어미에는 「-았-/-았-」, 「-겠-」이 쓰일 수 있음을 알 수 있다.

2. 「-ㅂ(읍)지요」

이 어미는 받침에 관계없이 각 어간에 쓰이어 물음을 나타내는데 「-습지요」가 잘 쓰인다.

(1) ㄱ. 보리가 아직 푸릅지요?

ㄴ. 그이가 믿읍지요?

ㄷ. 이것이 무엇입지요?

ㄹ. 그는 잘 있습지요?

ㅁ. 이 옷이 꽤 좋습지요?

ㅂ. 그가 왔습지요?

「-습지요」는 받침 있는 서술어에 쓰임이 예사이다. 따라서 「-았
-/-었-」, 「-겠-」 등을 취할 수 있다.

3. 「-소(오)」

이 어미는 베풂, 물음, 시킴을 나타내나 여기서는 물음만 다루기
로 한다. 비종결어미 「-았-/-었-」, 「-겠-」은 쓰일 수 있다. 서술어
제약은 없다.

(1) ㄱ. 도산서원에는 언제 갔다 왔소?

ㄴ. 형님은 서울에 언제 가오?

ㄷ. 당신 이래도 좋소?

ㄹ. 형은 여기서 뭘 하오?

ㅁ. 이 옷이 어떠하오?

ㅂ. 어제 온 그가 누구였소?

「-소」는 받침 있는 서술어에 쓰이고 「-오」는 받침 없는 서술어에
쓰인다.

4. 「-어요/-아요」

이 어미는 반말어미 「-어/-아-」에 높임의 특수조사 「-요」를 더
하여 된 것으로 베풂, 물음, 시킴의 뜻을 타나내나 여기서는 물음만
다루기로 한다. 비종결어미 「-었-/-았-」과 「-겠」이 쓰일 수 있다.
모든 서술어에 다 쓰일 수 있다.

(1) ㄱ. 그는 벌써 갔어요?

ㄴ. 형은 언제 미국에 가겠어요?

ㄷ. 이 연못은 깊어요?

ㄹ. 그는 어떤 분이어요?

ㅁ. 약발을 잘 받아요?

ㅂ. 그는 잘 있어요?

「-었-/-았-」과 「-겠-」 다음이나 받침 있는 서술어 다음이나 어간이 음성모음으로 된 어간 다음에는 「-어요」가 쓰이고, 그렇지 않은 경우에는 「-아요」가 쓰인다. 그리고 어간이 「-이」일 경우에도 「-어요」가 쓰인다.

5. 「-지요」

이 어미는 반말어미 「-지」에 높임의 특수조사 「-요」가 합하여 된 것으로 베풂, 물음, 시킴이 듯을 나타내지만 여기서는 물음의 경우만 다루기로 한다.

(1) ㄱ. 이것이 무엇이지요?

ㄴ. 어디를 갔다 왔지요?

ㄷ. 그녀가 예쁘지요?

ㄹ. 내일은 날씨가 맑겠지요?

ㅁ. 아버지는 서울 가셨지요?

ㅂ. 아버지는 곧 돌아오시겠지요?

위의 예를 보면 비종결어미는 다 쓰일 수 있으며 서술어 제약은 없다.

6. 「-으리요」

이 어미는 「-으리」에 높임의 특수조사 「-요」가 와서 된 것으로 서술어 제약은 없으나 비종결어미는 쓰일 수 없다.

(1) ㄱ. 가는 세월을 누가 막으리요?

　　 ㄴ. 그는 얼마나 좋으리요?

　　 ㄷ. 이게 무슨 일이리요?

이 어미가 상대의 의사를 물을 수도 있다. (다소 무리한 점은 있다.)

(2) ㄱ. 같이 가시리오?

　　 ㄴ. 지금 주무시리오?

7. 「-나요」

이 어미는 나이 많은 어른이 젊은이를 보고 하는 성근말 어미이다.

(1) ㄱ. 역으로 가려면 어디로 가나요?

　　 ㄴ. 이것을 어떻게 여나요?

　　 ㄷ. 그 개가 사료를 잘 먹나요?

2.2.2. 상대방의 의사를 물어 보는 물음어미

이에는 「-려요」, 「-ㄹ(을)래요」, 「-겠소」, 「-지요」 등이 있다.

1. 「-려오」

이 어미는 「-려 하오」가 줄어든 말로 동사에만 쓰이며 비종결어미는 굳이 쓴다면 「-시-」만이 쓰일 수 있다.

(1) ㄱ. 이것을 드시려오?

ㄴ. 이 책을 읽으(시)려오?

ㄷ. 언제 오(시)려오?

ㄹ. 이제 주무시려오?

이 어미는 문장에 따라 대답을 요구하는 물음어미로도 쓰인다.

(2) ㄱ. 어디로 가시려오?

ㄴ. 무슨 말씀을 하(시)려오?

ㄷ. 언제 오시려오?

ㄹ. 무엇을 사시려오?

2. 「-ㄹ(을)래요」

이 어미는 「-ㄹ(을)래」에 높임의 특수조사 「-요」가 합하여 이루어진 것으로 동사에 쓰이며 비종결어미는 「-시-」만이 쓰인다.

(1) ㄱ. 이것을 드실래요?

ㄴ. 지금 주무실래요?

ㄷ. 저와 같이 가실래요?

ㄹ. 이것을 가지실래요?

ㅅ. 이 선물을 받으실래요?

3. 「-겠소」

이 어미는 「-소」 앞에 「-겠-」이 옴으로써 상대방의 의사를 묻는 물음어미가 된 것이다. 비종결어미는 「-시-」가 쓰일 수 있고 이 어미는 동사에만 쓰인다.

(1) ㄱ. 같이 가(시)겠소?

ㄴ. 지금 떠나겠소?

ㄷ. 이것을 드시겠소?

이 어미는 달리 추측이나 상대의 답을 요구하는 의문문에 쓰일 수 있다.

(2) ㄱ. 지금 가면 언제 오겠소?

ㄴ. 내일, 그가 오겠소?

ㄷ. 내일은 날씨가 어떠하겠소? 비가 좀 오겠소?

ㄹ. 설마, 그가 내일 오겠소?

4. 「-지요」

이 어미는 반말어미 「-지」에 높임의 특수조사 「-요」가 와서 된 것으로 상대방의 의사를 묻는 의문문을 만든다. 비종결어미는 쓰일 수 없으며 동사에만 쓰인다.

(1) ㄱ. 이 카레를 드시지요?

ㄴ. 저와 같이 여기서 놀지요?

ㄷ. 이 책을 가지지요?

ㄹ. 저 아가씨와 결혼하지요?

2.3. 의문법의 보통비칭

이 어법은 남자 형이 아우에게, 시누이가 시동생에게, 손위 동서가 손아래 동서에게, 백남댁·중남댁이 시누이에게, 장모가 사위에게, 선배가 후배에게, 교수가 대학생에게 대하여 하는 대우법이다. 이 어법에는 상대방의 대답을 요구하는 것과 상대방의 의사를 묻는 것이 있다.

2.3.1. 상대방의 답을 요구하는 어미

이 어미에는 「-ㄴ(는)가」, 「-ㄴ(는)고」, 「-,은가」, 「-은고」, 「-ㄹ(을)까」, 「-ㄹ(을)꼬」, 「-던가/-든가」, 「-든고/-던고」, 「-ㄹ(을)쏜가」, 「-런가」, 「-으려는가」, 「-으려는고」, 「-으려던가」, 「-겠는가」 등이 있다.

1. 「-ㄴ(는)가」
서술어의 어간에 붙어 물음을 나타내는데, 「-는가」는 동사에 쓰이고 「-ㄴ가」는 받침 있는 형용사나 「-이다/아니다」에 쓰인다. 비종결어미가 쓰일 수 있고 주어 제약은 없다.

(1) ㄱ. 자네는 지금 무엇을 하는가?
    ㄴ. 이 꽃이 아름다운가?
    ㄷ. 이것이 장미인가?

ㄹ. 내가 착한가?

ㅁ. 자네는 식사를 하였는가?

ㅂ. 철민이는 하계봉사에 가겠는가?

2. 「-ㄴ고」

받침 없는 형용사나 「-이다/아니다」에 쓰이어 「-는가」보다는 좀 예스럽거나 정중한 뜻을 나타낸다. 주어 제약은 없다.

(1) ㄱ. 이것이 무엇인고?

ㄴ. 그것은 얼마나 큰고?

ㄷ. 자네는 기분이 어떠한고?

ㄹ. 내가 믿음직한고?

3. 「-는고」

동사, 형용사의 어간에 와서 물음을 나타내는데 비종결어미 「-었-/-았-」, 「-겠-」, 「-시」 등을 취할 수 있고 주어 제약은 없다.

(1) ㄱ. 자네는 무엇하는고?

ㄴ. 그가 어디 갔는고?

ㄷ. 왜 내가 그를 믿었던고?

ㄹ. 그것이 무슨 일이었는고(일이었던고)?

ㅁ. 순희가 착했던고?

ㅂ. 그것이 무엇이겠는고?

4. 「-은가」

받침 있는 형용사에 쓰이어 보통존칭에 쓰이는 의문법어미이다. 비종결어미는 「-더-」가 쓰일 수 있고 주어 제약은 없다.

(1) ㄱ. 자네는 노는 게 그리도 좋은가?
　　 ㄴ. 이 꽃이 그렇게도 아름답던가?
　　 ㄷ. 내가 그리도 미운가?
　　 ㄹ. 그가 마음이 그렇게 곧은가?
　　 ㅁ. 자네가 그리도 돈이 많은가?

5. 「-은고」

형용사에 붙어 「-은가」보다 예스럽거나 정중한 뜻을 띤다. 받침이 없는 어간에는 「-ㄴ고」가 된다.

(1) ㄱ. 산은 얼마나 높은고?
　　 ㄴ. 들은 얼마나 넓은고?
　　 ㄷ. 비가 오니 당신은 기분이 어떤고?

6. 「-을까」

서술어에 붙어 스스로의 의문이나 의심을 나타내기도 하고, 자기 의사를 나타내거나 상대방의 의사를 묻는 뜻을 나타내기도 하며 가능성에 대한 물음을 나타낸다. 주어 제약은 없으며 비종결어미가 쓰일 수 있다.

(1) ㄱ. 그것이 무엇이었을까?

ㄴ. 그가 누구였을까?

ㄷ. 우리 같이 걸을까?

ㄹ. 혼자서 그가 그 일을 어찌 해내었을까?

ㅁ. 내일 날씨가 맑을까?

ㅂ. 어디로 갈까?

ㅅ. 무슨 일을 할까?

7. 「-을꼬/-ㄹ꼬」

서술어의 어간에 쓰이어 예스럽거나 정중한 느낌을 주는 물음어미이다. 이것은 스스로의 의문이나 자기 의사를 나타내거나 또는 상대방의 의사를 묻기도 하며 가능성에 대한 물음을 나타낸다. 비종결어미가 쓰일 수 있고 주어 제약은 없다.

(1) ㄱ. 우리는 무엇을 먹을꼬?

ㄴ. 그이가 무엇 하는 사람이었을꼬?

ㄷ. 그곳은 공기가 얼마나 맑을꼬?

ㄹ. 그가 이 어려운 일을 어찌 하였을꼬?

ㅁ. 이것이 얼마나 할꼬?

8. 「-던가/-든가」

이 어미에는 비종결어미가 쓰일 수 있고 주어 제약과 서술어 제약은 없다. 이 어미는 스스로 물음이나 상대방의 경험을 묻기도 하며 돌이켜 느낌의 뜻을 나타내기도 한다.

(1) ㄱ. 그때 내가 왜 공부를 열심히 하지 않았던가?

ㄴ. 당신이 왜 그리도 어리석었던가?

ㄷ. 얼마나 바보였던가?

ㄹ. 그곳의 농사가 어떠하던가?

ㅁ. 고향이 얼마나 그리웠던가?

ㅂ. 거기가 어디든가?

ㅅ. 그는 어디로 가든가?

ㅇ. 총각 선생이 무엇하러 왔든가?

9. 「-던고/-든고」

이 어미는 스스로의 물음을 나타내기도 하고 상대방의 경험을 물어 보기도 하며 돌이켜 느낌의 뜻을 나타내기도 한다. 비종결어미가 쓰일 수 있고 주어 제약은 없으며 모든 서술어가 다 가능하다.

(1) ㄱ. 그때 왜 내가 그리도 못났던고?

ㄴ. 그가 어디로 가든고?

ㄷ. 왜 당신이 그때 찾지 못했던고?

ㄹ. 우리가 이기겠든고?

ㅁ. 그때 대통령이 누구였든고?

ㅂ. 과연 그대가 대장이었던고?

10. 「-을쏜가/-ㄹ쏜가」

「-을쏜가」는 받침 있는 서술어 어간에 쓰이고 「-ㄹ쏜가」는 받침 없는 어간에 쓰인다. 비종결어미가 쓰일 수 있고 주어 제약과 서술어 제약은 없다. 이것은 예스러운 느낌을 주는 어미이다.

(1) ㄱ. 누구가 그를 나무랄쏜가?

   ㄴ. 누가 그이보다 더 착할쏜가?

   ㄷ. 내라고 험이 없을쏜가?

   ㄹ. 당신이라고 허물이 없을쏜가?

   ㅁ. 이것이 무슨 돈이었을쏜가?

11. 「-런가」

이것은 「-던가」의 뜻으로 「-이다/아니다」에 쓰여 물음을 나타내기도 하고 감탄을 띤 물음을 나타내기도 한다. 비종결어미는 쓰일 수 없으며 주어 제약은 없는 듯하다.

(1) ㄱ. 자네가 박사가 아니런가?

   ㄴ. 내가 무엇이런가?

   ㄷ. 이게 꿈이런가 생시런가?

   ㄹ. 천보가 장군이런가?

   ㅁ. 그대가 천사가 아니런가?

12. 「-으려는가/-려는가」

이것은 「-(으)려 하는가」가 줄어서 된 것으로 자기의 뜻을 묻거나 상대방의 답을 묻는 물음어미이다. 비종결어미는 「-시-」가 쓰일 수 있고 주어 제약은 없다. 「-이다/아니다」와 형용사에는 잘 쓰이지 못하는 것 같다.

(1) ㄱ. 그가 이 돈으로 무엇을 하려는가?

   ㄴ. 당신은 이 돈으로 무엇을 사려는가?

ㄷ. 내가 이 돈으로 언제, 어디서 무엇을 하려는가? 물어보시오.

ㄹ. 그가 언제 이 책을 읽으려는가? 걱정이다.

ㅁ. 그들은 하느님으로부터 복을 받으려는가?

ㅂ. 이 감이 언제 붉으려는가?

13. 「-으려는고/-려는고」

이것은 「-(으)려」에 「-하는고」가 줄어서 합하여 된 것으로 그 용법은 위의 「-(으)려는가」와 같다. 「-이다/아니다」와 형용사에는 쓰이지 못한다.

(1) ㄱ. 우리는 이것으로 무엇을 하려는고?

ㄴ. 당신은 오늘 밤은 어디서 주무시려는고?

ㄷ. 이것으로 돈을 찾으려는고?

ㄹ. 그대는 여기서 농사를 지으려는고?

ㅁ. 그대는 어디로 가려는고?

14. 「-으려던가/-려던가」

「-으려던가」는 받침 있는 서술어에 쓰이고 「-려던가」는 받침 없는 서술어에 쓰인다. 이들은 「-(으)려 하던가」가 줄어서 합하여 된 것으로 비종결어미는 「-시-」가 쓰이고 주어 제약은 없다. 서술어는 동사가 쓰인다.

(1) ㄱ. 그들은 이것으로 뭘 하려던가?

ㄴ. 당신은 이 연장으로 무엇을 하려던가?

ㄷ. 우리는 이 돈으로 무엇을 하려던가?

ㄹ. 그들이 이 숟가락으로 밥을 먹으려던가?

ㅁ. 이런 일을 하고도 복을 받으려던가?

ㅂ. 언제 그가 오려던가?

15. 「-겠는가」

이 어미는 「-겠-」에 물음의 어미 「-는가」가 합하여 된 것으로 추측이나 가능에 대하여 상대방의 답을 요구하는 물음어미이다.

(1) ㄱ. 내일은 비가 오겠는가?

ㄴ. 이 문제를 풀 수 있겠는가?

ㄷ. 이것으로 무엇을 하겠는가?

ㄹ. 자네는 여기서 무엇을 하겠는가?

ㅁ. 내일은 맑겠는가?

위의 예문에서 보면 가능성과 추측에 대하여 묻고 있음을 알 수 있다.

2.3.2. 상대방의 의사를 묻는 어미

이에는 「-겠는가」, 「-ㄹ(을)까」, 「-을꼬」, 「-ㄹ(을)란가」, 「-으려는가」, 「-으려는고」 등이 있다.

1. 「-겠는가」

이 어미는 「-겠-」에 「-는가」가 와서 된 것으로 상대방의 뜻을 묻는 보통비칭의 물음어미이다. 비종결어미 중 「-시-」는 쓰이지 않음이 대우의 등급상 올바르다.

(1) ㄱ. 나하고 같이 가겠는가?

ㄴ. 여기 있겠는가?

ㄷ. 나하고 같이 여기서 공부하겠는가?

2. 「-ㄹ(을)까」

동사 어간에 붙어 자기 의사를 나타내거나 상대방 의사를 물어보는 어미이다. 비종결어미는 쓰일 수 없다.

(1) ㄱ. 점심을 같이 먹을까?

ㄴ. 학교에 같이 갈까?

ㄷ. 그러면, 지금 일을 시작할까(요)?

ㄹ. 우리, 모두 여기서 같이 살까?

3. 「-ㄹ꼬/-을꼬」

이것은 동사 어간에 붙어 자기 의사나 상대방의 의사를 묻는 어미이다. 비종결어미는 쓰일 수 없다.

(1) ㄱ. 우리 무엇을 먹을꼬?

ㄴ. 내가 무엇을 할꼬?

ㄷ. 우리 여기서 놀꼬?

이 어미는 의사를 물을 때는 그리 잘 쓰이지 않는 듯하다.

4. 「-ㄹ(을)란가」

이 어미는 입말에서 많이 쓰이는데 사전에는 나타나지 않는다. 비종결어미는 쓰이지 않는다.

(1) ㄱ. 자네는 여기 있을란가?

ㄴ. 동서는 어디로 갈란가?

ㄷ. 자네도 이것을 먹을란가?

이 어미는 상대방의 의지를 물을 때만 쓰이고 "우리 같이 여기 있을란가?"와 같은 경우는 추측이나 가능성을 묻기 때문에 여기서 다루는 범주에는 들지 않는다.

5. 「-ㄹ(을)려는가/-려는가」

이 어미는 「-려 하는가」가 줄어든 것으로 비종결어미는 쓰일 수 없다. 동사에 쓰이어 상대방의 의사를 묻는 어미이다.

(1) ㄱ. 자네는 여기 있으려는가?

ㄴ. 지금 떠나려는가?(떠날려는가?)

ㄷ. 우리와 같이 여기서 식사를 할려는가?(하려는가?)

6. 「-(으)려는고」

이 어미는 「-려 하는고」가 줄어서 된 것으로 비종결어미는 쓰이지 않는다.

(1) ㄱ. 자네는 어디로 가려는고?

ㄴ. 여기서 장사를 하려는고?

ㄷ. 이 떡을 먹으려는고? 안 먹으려는고?

지금까지 의문법의 보통존칭에서 다른 어미는 추측, 가능 및 상대의 답을 요구하는 기능을 함께 가지고 있는데, 특히 여기서는 상대의 의사를 묻는 경우만을 다루었으니 혼란이 없기를 바란다.

2.4. 의문법의 반말

부모 앞에서 부부 사이에서, 집안의 나이 적은 손위 사람이 촌수는 아래인데, 나이가 많은 집안사람에게 또 친구 사이에 주고받는 어법으로 이에도 상대방의 답을 요구하는 어미와 상대방의 의사를 묻는 어미가 있다.

2.4.1. 상대방의 답을 요구하는 어미

이에는 「-는감」, 「-는다지」, 「-(는)담」, 「-는대」, 「-는대야」, 「-는지/-지」, 「-다면서/-는다면서」, 「-ㄹ(을)는지」, 「-ㄹ(을)지」, 「-다고」, 「-으람」, 「-ㄹ(을)런가」「-ㄹ(을)런고」, 「-려는지」, 「-을는지」, 「-야/-여」, 「-으라고」 등이 있다. 이들 중에는 문장에 따라서, 상대방의 의사를 묻는 반말투의 의문문을 만들 수 있을 것이다. 반말이란 높일 수도 없고 낮출 수도 없는 어법으로 이것은 극비칭에서 보통존칭 사이의 경우에 쓰인다.

1. 「-는감」

이것은 「-는가 뭐」가 줄어서 된 것으로 비종결어미를 취할 수 있으며 상대편의 말을 반박하거나 스스로 반문하면서 느낌을 나타낸다. 주어 제약은 없으며 이 어미는 동사에 쓰인다.

(1) ㄱ. 누가 거기에 가는감?

ㄴ. 나도 거기에 가는감?

ㄷ. 자네가 거기에 또 가겠는감?

ㄹ. 서울에 누가 갔는감?

2. 「-는다니/-다니」

「-는다니」는 「-는다 하니」가 줄어서 된 말이며 「-다니」는 「-다 하니」가 줄어서 된 것으로 「-다니」는 비종결어미를 취할 수 있고 주어 제약은 없으며 서술어 제약도 없다.

(1) ㄱ. 너는 요즈음 어떤 약을 먹는다니?

ㄴ. 나도 가도 된다니?

ㄷ. 그들은 언제 학교가 끝난다니?

ㄹ. 누가 너의 친구였다니?

ㅁ. 그녀가 착하다니?

ㅂ. 철이가 그 모임에 가겠다니?

3. 「-는다며/-는다면서」

「-는다면」은 「-는다면서」의 준말이며 「-는다면서」는 「-는다 하면서」가 준 것으로 보이는데 「-다면서」의 뜻으로 쓰인다. 비종결어미가 쓰이면 어미 「-는-」은 줄어든다. 주어 제약은 없다.

(1) ㄱ. 너는 요즈음 술을 안 먹는다며?

ㄴ. 그는 절대로 담배를 안 피운다며?

ㄷ. 그는 요즈음 집에서 논다면서(논다며)?

ㄹ. 너는 일전에 서울 갔다면서(갔다며)?

ㅁ. 너는 미국에 가겠다면서(가겠다며)?

ㅂ. 나는 거기에 안 가도 괜찮다면서(괜찮다며)?

4. 「-는다지」

이것은 「-는다 하지」가 줄어서 된 어미로 무엇을 캐묻는 뜻을 나타낸다. 주어 제약은 없으나 서술어로 「-이다/아니다」는 쓰일 수 없으나 다음 (2)를 보라.

(1) ㄱ. 우리는 집에는 언제 간다지?

ㄴ. 그녀가 고약하다지?

ㄷ. 그들은 여기서 무엇을 하였다지?

ㄹ. 너희가 여기서 무엇을 하겠다지?

만일 「-는다지」가 「-이다/아니다」에 쓰이면 「-는다지」는 「-라지」로 된다. 그런데 「-었-/-았」 다음에 쓰이면 「-다지」가 그대로 쓰인다.

(2) ㄱ. 그가 누구였다지?

ㄴ. 이것이 그의 물건이라지?

ㄷ. 그는 박사가 아니라지?

5. 「-는담」

이 어미 앞에는 「-었-/-았-」과 「-겠-」이 쓰일 수 있고 「-이다/
아니다」에 쓰이면 「-는담」은 「-람」이 된다.

(1) ㄱ. 너는 무엇을 먹는담?

ㄴ. 그는 벌써 집에 갔담?

ㄷ. 이것이 무엇이람?

ㄹ. 무슨 글을 그렇게 읽는담?

ㅁ. 언제 그가 집에 가겠담?

6. 「-는대」

이것은 「-는다 해」가 줄어서 된 어미로 겪은 사실을 바탕으로 물
을 때 쓰인다. 비종결어미 「-겠-」과 어울려 「-겠대」가 되면 의도를
나타낸다. 「-이다/아니다」에 쓰이면 「-래」가 된다.

(1) ㄱ. 철부는 지금 책을 읽는대?

ㄴ. 그는 무엇을 한대?

ㄷ. 내가 거기 가도 괜찮대?

ㄹ. 네가 그것을 가져도 좋대?

ㅁ. 영희도 거기에 놀러 가겠대?

ㅂ. 길수는 그날 지각을 했대?

ㅅ. 그는 고향이 어디래?

7. 「-는대야」

이것은 「-는다 해야」가 줄어서 된 것으로 그 용법은 위와 같다. 다만 「-이다/아니다」에 쓰일 때는 「-았-/았」을 어간에 취하여 「-었대야」로 된다. 형용사의 경우는 「-대야」로 된다.

(1) ㄱ. 그는 지금 집을 짓는대야?

ㄴ. 그는 요즈음 무엇을 한 대야?

ㄷ. 철수는 모르고 그것을 먹었대야?

ㄹ. 그도 그것을 먹겠대야?

ㅁ. 내가 주운 것이 돈이었대야?

ㅂ. 설악산이 아름답대야?

이 어미에는 주어로 3인칭이 가장 자연스럽고 1~2인칭도 쓰일 수 있다. 문장의 짜임새에 따른다.

8. 「-는지/-ㄴ지」

「-는지」는 받침 있는 어간에 쓰이고 「-ㄴ지」는 받침 없는 어간에 쓰이어 물음을 나타낸다.

(1) ㄱ. 그가 누군지? 어디에 계시는지?

ㄴ. 비가 와서 얼마나 좋았는지?

ㄷ. 이게 무엇인지?

ㄹ. 네가 사람인지 소인지? 기가 막힌다.

「-지」는 받침 없는 서술어에 쓰이어 반말을 나타낸다. 비종결어미는 취할 수 있고 주어 제약은 없다.

(2) ㄱ. 어디가지?

ㄴ. 얼마나 아름답지?

ㄷ. 무엇을 먹었지?

ㄹ. 이것이 무엇인지?

9. 「-라고」

「-이다/아니다」에 붙어서 반문할 때나 잘못 알았던 사실을 깨닫거나 받침 없는 동사에 쓰이어 그렇게 될까 봐 조심스러워 하면서 반문할 때 쓰인다. 「-었-/았-」 다음에 쓰이면 「-었다고」로 된다.

(1) ㄱ. 나는 이게 무엇이라고?

ㄴ. 네가 학생이라고?

ㄷ. 그것이 사실이 아니라고?

ㄹ. 난 그게 돈이라고?

ㅁ. 잘못하다가는 소문나라고?

ㅂ. 나더러 그를 죽이라고?

ㅅ. 나는 그가 박사였다고?

ㅇ. 자네는 식사를 하였다고?

10. 「-으람」

받침 있는 어간이나 받침 없는 어간에 쓰이어 「-으랬나 뭐」의 뜻으로 가볍게 핀잔을 주거나 언짢음을 나타내는 물음어미이다. 「-이다/아니다」에도 쓰인다.

(1) ㄱ. 누가 아프람?

　　ㄴ. 누가 거기에 가람?

　　ㄷ. 그게 무슨 말이람?

　　ㄹ. 그게 무슨 일이람?

　　ㅁ. 그게 돈이 아니람?

　　ㅂ. 내가 가람?

　　ㅅ. 누가 억지로 먹으람?

　　ㅇ. 누가 착하람?

11. 「-ㄹ런가/-을런가」

이것은 상대자의 겪은 바에 따른 가능성이나 추측을 물어 보는 어미로 모든 서술어에 다 쓰인다. 「-런가」의 강조어이다.

(1) ㄱ. 그 신이 자네 발에 맞을런가?

　　ㄴ. 이것이 네 몸에 좀 작을런가?

　　ㄷ. 그가 나의 말을 믿을런가?

　　ㄹ. 그가 그 모임에 갈런가?

　　ㅁ. 이게 꿈이런가 생시런가?

　　ㅂ. 자네가 나의 은인일런가 아닐런가?

12. 「-ㄹ런고/-을런고」

이것은 「-ㄹ런가」의 예스럽거나 정중한 말로 용법은 「-ㄹ런가」와 같다.

(1) ㄱ. 비가 언제 올런고?

ㄴ. 자네가 누굴런고?

ㄷ. 그가 나의 말을 믿을런가?

ㄹ. 그가 벌써 갔을런가?

ㅁ. 이게 무엇일런고?

ㅂ. 그녀가 과연 착할런고?

13. 「-려는지」

이것은 「-려 하는지」가 줄어서 된 말로 추측이나 가능을 나타내면서 모든 서술어에 다 쓰인다. 주어 제약은 없고 「-었-/았」이나 받침 있는 서술어에 쓰이면 「-으려는지」로 된다.

(1) ㄱ. 우리는 언제 고국에 갈 수 있으려는지?

ㄴ. 그는 벌써 갔으려는지?

ㄷ. 이것이 무엇이려는지?

ㄹ. 눈이 오려는지?

ㅁ. 그녀가 고우려는지?

14. 「-야/-여」

「-이다/아니다」에 쓰여 다져서 묻는 뜻을 나타낸다.

(1) ㄱ. 이것이 뭐야?

ㄴ. 여기가 어디여?

ㄷ. 자네가 누구여(누구야)?

ㄹ. 자네가 박사여(박사야)?

위의 예에서 보면 알겠지마는 (1ㄱ~ㄹ)까지의 「-여」「-야」는 놀람, 감탄의 뜻으로 이해되고 (1ㅁ) 「박사야」에서는 「-야」가 오니까 얕보고 하는 말인 것 같은 느낌이 든다. 「박사여」하면 그런 느낌은 덜 들고 느낌의 뜻이 강한 듯하다.

15. 「-라고/-으라고」

「-라고」는 받침 없는 어간 다음에 쓰이고 「-으라고」는 받침 있는 어간에 쓰여 그렇게 될까봐 조심스러워 하면서 반문할 때 쓰이는 반말어미이다.

(1) ㄱ. 나더러 가라고?

ㄴ. 내가 여기 있으라고?

ㄷ. 우산도 없이 옷이 다 젖으라고?

ㄹ. 모두들 여기서 기다리는데 나도 여기서 기다리라고?

16. 「-ㄹ지」

이 어미는 추측하여 묻거나 가능성을 물어보는 어미이다.

(1) ㄱ. 내일 그가 올지?

ㄴ. 값이 얼마나 비쌀지?

ㄷ. 그가 어떤 사람일지?

ㄹ. 하루 만에 다녀올지?

ㅁ. 내가 갈지? 네가 갈지?

2.4.2. 상대방의 의사를 묻는 어미

이에는 「-을런가/ -ㄹ런가」, 「-을런고」, 「-으려고/-을려고」, 「-ㄹ라고/-을라고」 등이 있다.

1. 「-을런가/-ㄹ런가」

사전에서는 가능성이나 추측을 물어 보는 어미라고 풀이되어 있지만, 실제 입말에서는 상대의 뜻을 물을 경우에 많이 쓰이는 반말투의 어미이다. 「-을란가」도 쓰인다.

(1) ㄱ. 자네도 우리와 같이 갈런가(갈란가)?

　　ㄴ. 여기서 식사를 할란가?

　　ㄷ. 자네는 부모님을 모실런가(모실란가)?

　　ㄹ. 여기서 머물런가?

2. 「-ㄹ(을)런고」

이 어미는 「-ㄹ런가」의 예스럽거나 정중한 말로 비종결어미는 쓰일 수 없다.

(1) ㄱ. 우리와 같이 여기 있을런가?

　　ㄴ. 자네도 여기서 공부할런고?

　　ㄷ. 여기서 견뎌 볼런고?

3. 「-ㄹ라고/-을라고」

「-ㄹ라고」는 개음절 다음에 쓰이고 「을라고」는 폐음절 다음에 쓰인다. 이것은 상대방의 의사를 묻거나 의심하면서 묻는 뜻의 반말어미인데 주로 동사에 쓰인다.

(1) ㄱ. 그가 혼자 다 먹었을라고?

　　ㄴ. 너는 이것을 가져갈라고?

　　ㄷ. 네가 이런 짓을 하면서 복을 받을라고?

이 어미에는 비종결어미 「-겠-」은 쓰일 수 없다.

4. 「-(으)려/-을려고」

이 어미는 받침이 있는 어간에는 「-으려고」 또는 「-을려고」가 쓰이고 받침이 없는 어간에는 「-려고/-ㄹ려고」가 쓰인다. 상대방의 의사를 묻는 물음어미이다.

(1) ㄱ. 벌써 갈려고(가려고)?

　　ㄴ. 이 맛없는 음식을 먹을려고(먹으려고)?

　　ㄷ. 자네는 여기서 살려고?

　　ㄹ. 여기서 하루밤을 지낼려고?

　　ㅁ. 지금부터는 영어 공부를 할려고?

　　ㅂ. 자네는 여기서 무엇을 할려고?

이 어미는 「-이다/아니다」에는 쓰이지 못하며 자제 가능한 형용사에는 쓰일 수 있다.

(2) ㄱ. 너는 지금부터 착할려고?

ㄴ. 너도 부지런할려고?

ㄷ. 네가 건강하려고?

ㄹ. 지금부터 정직할려고?

(ㄱ~ㄹ)에서 보는 바와 같이 자제 가능한 형용사도 동사성 자질을 가지므로 마음만 먹으면 얼마든지 그 경지에 이를 수 있다.

2.5. 의문법의 극비칭

집안의 어른이 손아래 아이들에게, 선생이 제자에게, 장인이 사위에게, 친한 친구 사이에서 쓰는 대우법이다. 이 어미에도 상대의 답을 요구하는 어미와 상대의 의사를 묻는 어미의 두 가지가 있다.

2.5.1. 상대방의 답을 요구하는 어미

이에는 「-나/-냐」, 「-느냐/-으냐」, 「-느냐고」, 「-느뇨」, 「-노(누)」, 「-는가베」, 「-는다느냐」, 「-ㄴ(은)다면」, 「-는다면서」, 「-니/-으니」, 「-다니/-ㄴ다니」, 「-ㄴ(는)다지」, 「-ㄴ(는)대」, 「-던/-더냐」, 「-디」, 「-ㄹ건대」, 「-ㄹ(을)까보냐」, 「-ㄹ꺼나」, 「-ㄹ는지/-을는지」, 「-ㄹ쏘냐/-을쏘냐」, 「-ㄹ런지/-을런지」, 「-라느냐/-으라느냐」, 「-라니」, 「-라/-으랴」, 「-려나/-으려나」, 「-려느냐/-으려느냐」, 「-리/-으리」, 「-어라/-아라」, 「-아야지」, 「-ㄹ까말까/-을까말까」, 「-ㄹ까보냐/-을까보냐」, 「-뇨/-으뇨」, 「-으라느냐」, 「-ㄹ라고/-을라고」, 「-ㄹ려느냐/-을려느냐」, 「-려는지/-으려는지」, 「-ㄹ런고」, 「-ㄹ지/-을지」, 「-자느냐」 등이 있다.

1. 「-나/-냐」

이 어미 중 「-냐」는 「느냐」가 줄어서 된 것으로 보아지는데 동사, 형용사 「-이다/아니라」에 관계없이 쓰인다.

비종결어미를 취할 수 있으며, 주어 제약은 없다.

(1) ㄱ. 나는 여기서 뭘 하나(하냐)?

    ㄴ. 너는 언제 오나(오냐)?

    ㄷ. 그는 학교에 갔나?

    ㄹ. 너는 어제 무엇을 했나(했냐)?

    ㅁ. 내일은 비가 오겠나?

    ㅂ. 선생님은 언제 가시나?

    ㅅ. 그는 점심에 무엇을 먹나?

    ㅇ. 너는 요즈음 건강하나(건강하냐)?

위에서 본 바대로 「-나/-냐」는 동사, 형용사에 두루 쓰일 수 있는데 「-이다/아니다」에는 반드시 「-냐」가 쓰인다.

(2) ㄱ. 이게 무엇이냐?

    ㄴ. 너는 학생이 아니냐?

    ㄷ. 여기가 서울이냐?

    ㄹ. 어디가 식당이냐?

    ㅁ. 이것은 보물이 아니냐?

    ㅂ. 여기서 일하는 사람은 몇이냐?

    ㅅ. 그가 온 지가 언제냐?

    ㅇ. 이것이 무엇이겠나?

ㅈ. 이것이 무엇이었나?

ㅊ. 이것이 보물이겠나?

위 예에서 보면 형용사는 받침 유무를 불문하고 「-냐」가 쓰이며 「-었-/-았」, 「-겠-」이 오면 어미는 「-나」로 된다. 「-이다/아니다」 에 비종결어미가 오면 「-냐」보다는 「-나」로 쓰임이 온다.

2. 「-으냐/-느냐」

「-으냐」는 바침 있는 형용사에 쓰이고 「-느냐」는 동사에 쓰이는 데, 받침 여부에 관계없이 쓰인다. 비종결어미를 취하며 주어 제약 은 없다.

(1) ㄱ. 그곳은 날씨가 좋으냐?

ㄴ. 그 아가씨는 마음씨가 고우냐?

ㄷ. 나는 여기서 무엇을 하느냐?

ㄹ. 너는 어디를 가느냐?

ㅁ. 식사를 하였느냐?

ㅂ. 내일은 그가 오겠느냐?

ㅅ. 너는 상을 타서 얼마나 좋았느냐?

위의 (1ㅅ)에 따르면 형용사에 비종결어미가 오니까 어미는 「-으 냐」가 안 되고 「-느냐」가 된다는 사실을 알 수 있다.

3. 「-냐고」

이 어미는 「-냐 하고」가 줄어서 된 것으로 비종결어미를 취할 수

있으며 서술어는 제약이 없고 주어도 제약 없이 쓰인다. 이 어미는
형용사와 모든 서술어에 쓰인다.

(1) ㄱ. 이게 뭐냐고?

　　ㄴ. 너는 언제 가냐고?

　　ㄷ. 나는 여기서 무엇을 하냐고?

　　ㄹ. 너는 언제 왔냐고?

　　ㅁ. 그가 거기를 가겠냐고?

　　ㅂ. 너는 얼마나 착하냐고?

　　ㅅ. 그가 온 지가 언제냐고?

　4. 「-느냐고」

이 어미는 「-느냐 하고」가 줄어서 된 것으로 동사에 쓰이며 형용
사와 「-이다/아니다」에는 비종결어미 다음에 쓰인다. 주어 제약은
없다.

(1) ㄱ. 나는 지금 여기서 무엇을 하느냐고?

　　ㄴ. 너는 언제 미국 가느냐고?

　　ㄷ. 그는 과거에 무엇이었느냐고?

　　ㄹ. 청미는 얼마나 착했느냐고?

　　ㅁ. 너는 시험에 합격하였느냐고?

　　ㅂ. 우리는 언제 미국 가겠느냐고?

　5. 「-노/-누」

이 어미는 동사에 쓰인다. 비종결어미를 취할 수 있으며 주어 제

약은 없다.

(1) ㄱ. 너는 어디 가노?

　　ㄴ. 내가 무엇 하겠노?

　　ㄷ. 너는 그때 뭐했노?

　　ㄹ. 영미는 어디 갔노?

　　ㅁ. 너는 여기서 뭘 하누?

이 어미는 사투리에서 많이 쓰이는데 근대 소설에서 많이 쓰였다. 주로 경상도 지역에서 많이 쓰는 어미이다.

6. 「-느뇨」

이것은 「-느냐」의 예스러운 말이다.

(1) ㄱ. 이 강물은 어디로 흘러가느뇨?

　　ㄴ. 보리밭이 얼마나 푸르렀느뇨?

　　ㄷ. 우리가 이 일을 시작한 지 몇 해나 지났느뇨?

　　ㄹ. 이 그림이 얼마나 아름다우뇨?

　　ㅁ. 이것이 무엇이뇨?

　　ㅂ. 그녀가 얼마나 착하뇨?

「-느뇨」는 형용사와 「-이다/아니다」에서는 「-뇨」로만 쓰이나 비종결어미가 오면 「-느뇨」로 쓰인다.

(2) ㄱ. 그게 무엇이었느뇨?

ㄴ. 그녀가 얼마나 착하였느뇨?

7. 「-는가베」

이 어미를 「-는가 보아」가 줄면서 「-는가베」로 된 것으로 경상도 사투리에서 많이 쓰인다. 비종결어미를 취할 수 있으며 모든 서술어에 다 쓰인다. 주어 제약은 없다.

(1) ㄱ. 이게 돈인가베?

ㄴ. 나는 바보인가베?

ㄷ. 그는 잘 있는가베?

ㄹ. 그대는 착한가베?

ㅁ. 너는 밥을 먹었는가베?

ㅂ. 내일은 비가 오겠는가베?

ㅅ. 저이는 과거 부자였던가베?

8. 「-는다고/-라고」

이 어미는 「-는다」에 「-고」가 와서 된 것으로 이것 때문에 물음의 어미가 된 것이다. 비종결어미가 오면 「-는다고」는 「-다고」로 된다. 「-이다/아니다」에 쓰이면 「-라고」로 된다. 만일 「-이다/아니다」에 비종결어미가 오면 「-다고」가 된다. 주어 제약은 없다.

(1) ㄱ. 너는 여행 간다고?

ㄴ. 철이는 미국 갔다고?

ㄷ. 그녀는 젊어서 미인이었다고?

ㄹ. 이것이 보물이라고?

ㅁ. 이 꽃이 아름답다고?

ㅂ. 그녀가 내일 서울에 오겠다고?

ㅅ. 순덕이가 착했다고?

ㅇ. 그는 공부를 참 잘 한다고?

9. 「-(는)다느냐」

이것은 「-는다 하느냐」가 줄어서 된 것으로 비종결어미를 취할 수 있고 「-이다/아니다」에 쓰이면 「-라느냐」로 된다. 그러나 비종결어미 다음에 쓰이면 「-다느냐」로 된다.

(1) ㄱ. 그는 밥을 먹었다느냐?

ㄴ. 그녀가 착하다느냐?

ㄷ. 이것이 보석이라느냐?

ㄹ. 내가 바보였다느냐?

ㅁ. 네가 어디 갔다 왔다느냐?

ㅂ. 그가 지금 밥을 먹는다느냐?

10. 「-는다니/-라니」

이 어미는 「-는다 하니」가 줄어서 된 것으로 「-는다니」는 동사에 쓰이고 「-다니」는 형용사나 비종결어미 다음에서는 동사, 형용사, 「-이다/아니다」에 쓰인다. 그리고 비종결어미가 없는 「-이다/아니다」 다음에서는 「-라니」로 된다.

(1) ㄱ. 그는 서울에서 무엇을 한다니?

ㄴ. 그녀는 예쁘다니?

ㄷ. 이것이 무엇이라니?

ㄹ. 그는 합격하였다니

ㅁ. 나는 여기서 무엇을 하여야 한다니?

ㅂ. 너는 어디 갔다 왔다니?

ㅅ. 저이는 과거에 순경이었다니?

ㅇ. 가야의 문화는 참으로 찬란하였다니?

11. 「-ㄴ다며」

이것은 「-는다면서」가 줄어서 된 것으로 물음을 나타낸다. 비종결어미를 취할 수 있으며 모든 서술어에 다 쓰인다. 다만 「-이다/아니다」에 쓰일 때는 「-라며」가 된다. 주어 제약은 없다.

(1) ㄱ. 너는 내일 영국 간다며?

ㄴ. 그는 여기서 공부한다며?

ㄷ. 내가 국회의원이라며(국회의원이었다며)?

ㄹ. 무궁화가 아름답다며?

ㅁ. 그는 옛날에 부자였다며?

ㅂ. 그들은 벌써 떠났다며?

ㅅ. 성수는 이번에 합격하겠다며?

12. 「-는다면서」

이 어미는 「-는다 하면서」가 줄어서 된 것으로 비종결어미를 취할 수 있으며 모든 서술어에 다 쓰인다. 그런데 「-이다/아니다」에 쓰일 때는 「-라면서」로 된다.

(1) ㄱ. 너는 유학 간다면서?

　　ㄴ. 내가 과장이라면서?

　　ㄷ. 그녀가 얌전하다면서?

　　ㄹ. 네가 그 시합에서 이겼다면서?

　　ㅁ. 내가 승진하겠다면서?

　　ㅂ. 성미가 착했다면서?

　　ㅅ. 여기가 백제의 성터였다면서?

13. 「-는다지/-다지」

『우리말 사전』에는 반말투라 했지만 아주 낮춤에도 쓰이므로 여기에서 다루기로 한다. 비종결어미를 취할 수 있고, 주어 제약은 없지만 「-이다/아니다」에 쓰이면 「-라지」로 된다. 그러나 비종결어미 뒤에 쓰이면 「-다지」가 된다.

(1) ㄱ. 거기가 어디였다지?

　　ㄴ. 이것이 무엇이라지?

　　ㄷ. 내가 무슨 일을 하였다지?

　　ㄹ. 네가 어디 갔다 왔다지?

　　ㅁ. 오늘은 무엇을 먹는다지?

　　ㅂ. 그는 언제 가겠다지?

14. 「-(으)니」

각 어간에 두루 붙어 물음을 나타내는데, 「-느냐」보다 정답거나 부드러움을 나타낸다. 비종결어미를 취할 수 있고 주어 제약은 없다.

(1) ㄱ. 내가 뭐라 했니?

　　ㄴ. 너는 언제 서울 가니?

　　ㄷ. 너는 무엇을 먹겠니?

　　ㄹ. 이 꽃이 얼마나 향기롭니?

　　ㅁ. 이것이 네가 말하던 그 책이니?

　　ㅂ. 이게 보물이었니?

　　ㅅ. 그녀가 얼마나 아름다웠니?

　　ㅇ. 그 꽃이 싫으니?

15. 「-(는)대/-래」

이 어미는 반말투의 물음어미라고 우리말 사전에는 풀이되어 있으나, 극비칭에도 요즈음은 많이 쓰므로 여기서 다루기로 한다. 비종결어미를 취할 수 있으며 주어 제약은 없다. 다만 「-이다/아니다」에 쓰이면 「-래」로 되나 비종결어미 다음에 쓰이면 「-대」가 된다.

(1) ㄱ. 이것이 무엇이래?

　　ㄴ. 내가 그때 뭐라고 했대?

　　ㄷ. 너는 그때 학생이었대?

16. 「-(는)다냐」

이것은 「-는다 하느냐」가 줄어서 된 어미로 비종결어미를 취할 수 있으며 주어 제약은 없다.

(1) ㄱ. 그는 뭘 한다냐?

　　ㄴ. 너는 어딜 간다냐?

ㄷ. 내가 무엇이라냐?

ㄹ. 그는 식사를 하였다냐?

ㅁ. 내일은 철민이가 오겠다냐?

ㅂ. 그는 과거에 친일파였다냐?

(1ㄷ)을 보면 「-이다」 다음에서는 「-다냐」가 「-라냐」가 되나 (1ㅂ)에서 보면 비종결어미 뒤에서는 「-다냐」가 됨을 알 수 있다.

17. 「-더냐/-던」

이 어미는 지난 사실을 돌이켜 묻는 어미인데 비종결어미를 취할 수 있으며 주어 제약은 없다.

(1) ㄱ. 그가 무엇을 하더냐?

ㄴ. 그때 너는 무슨 일을 하였더냐?

ㄷ. 나는 그때 무엇하고 있더냐?

ㄹ. 거기는 진달래가 아름답더냐?

ㅁ. 그는 훌륭한 통역관이(었)더냐?

ㅂ. 거기 가서는 즐거웠더냐?

ㅅ. 그가 잘 있던?

ㅇ. 그 소가 잘 크던?

18. 「-디」

각 어간에 붙어 지난 사실을 돌이켜 묻는 어미로 비종결어미를 취할 수 있으며 주어 제약은 없다.

(1) ㄱ. 그가 무엇을 하디?

　　ㄴ. 그때 너는 무엇을 했디?

　　ㄷ. 나는 그때 무엇을 하고 있디?

　　ㄹ. 무궁화가 아름답디?

　　ㅁ. 그가 그 회사에서 무엇이디?

19. 「-래」

이 어미는 「-다 해」가 줄어서 된 것으로 모든 서술어에 다 쓰이어 물음을 타나낸다. 주로 입말에 쓰인다.

(1) ㄱ. 그것이 무엇이래?

　　ㄴ. 그는 어부가 아니래?

　　ㄷ. 누가 네가 착하래?

　　ㄹ. 누가 너를 집에 가래?

　　ㅁ. 내가 뭐래?

　　ㅂ. 네가 바보래?

(1ㄱ~ㅂ)에서 보듯이 「-래」 앞에는 비종결어미는 쓰일 수 없다.

20. 「-래디」

이 어미는 「-라 하디」가 줄어서 된 것으로 모든 서술어에 다 쓰이어 물음을 나타낸다. 비종결어미는 취할 수 없으나 주어 제약은 없다.

(1) ㄱ. 내가 뭐래디?

　　ㄴ. 그가 가래디?

ㄷ. 네가 그렇게까지 착하래디?

ㄹ. 철수가 변호사가 아니래디?

ㅁ. 누가 너를 오래디?

이 어미는 입말에서 주로 쓰인다.

21. 「-ㄹ라고」

이 어미는 의심하면서 묻거나 반문하거나 반박하는 뜻을 나타내는 물음어미이다. 비종결어미 「-었-/-았-」을 취할 수 있고 주어 제약은 없는데 1인칭이 주어가 되면((1)ㄱ 참조) 「-라고」가 된다. 서술어에 따라 「-으라고」, 「-을라고」로도 된다.

(1) ㄱ. 내가 그것을 읽으라고?

ㄴ. 설마 그가 혼자 가질라고?

ㄷ. 설마 그가 혼자 갈라고?

ㄹ. 설마 그것을 네가 먹었을라고?

ㅁ. 그때 그가 장관이었을라고?

ㅂ. 그녀가 얼마나 이쁠라고?

22. 「-ㄹ(-을)거지」

이 어미는 「-ㄹ 것이지」가 줄어서 된 것으로 비종결어미는 쓰일 수 없으며 주어는 2인칭에 한하며 서술어도 동사에 한한다.

(1) ㄱ. 너는 여기 있을거지?

ㄴ. 지금 가면 언제 올거지?

ㄷ. 너는 내일 갈거지?

ㄹ. 이 물건은 받을거지?

ㅁ. 여기에다 집을 지을거지?

23. 「-ㄹ쏘냐/-을쏘냐」

이것은 예스러운 표현으로 강한 반문을 나타낼 때 쓰인다. 서술어 제약은 없으며 주어 제약도 없다. 비종결어미 「-었-/-았-」은 쓰인다.

(1) ㄱ. 겉이 희다고 속까지 흴쏘냐?

ㄴ. 내가 아무리 그렇게 못난 사람일쏘냐?

ㄷ. 네가 과연 이길쏘냐?

ㄹ. 그가 이겼을쏘냐?

ㅁ. 이곳에 산삼이 있을쏘냐?

24. 「-라」

이것은 「-이다/아니다」에 쓰이어 반박하는 투의 물음어미로 비종결어미는 쓰이지 못한다. 주어제약은 없다.

(1) ㄱ. 내가 장관이라?

ㄴ. 네가 어른이라?

ㄷ. 그것도 일이라?

ㄹ. 그것이 돈이 아니라?

ㅁ. 그런 말을 한 자가 누구라?

25. 「-ㄹ런지/-을는지」

서술어의 어간에 붙어 스스로의 의문이나 의심을 나타낸다. 이 어미는 「-ㄹ는지」와 같은 뜻으로 쓰인다.

(1) ㄱ. 그가 언제 올는지(올런지)?

ㄴ. 길이 얼마나 멀는지(멀런지)?

ㄷ. 내가 그 일을 해낼는지(낼런지)?

ㄹ. 너도 그 일을 해낼런지(낼는지)?

ㅁ. 그런 사람이 누구일런지(일는지)?

ㅂ. 이 소가 이 풀을 잘 먹을는지(먹을런지)?

26. 「-ㄹ(을)건대」

이 어미는 「-ㄹ 것인대」가 줄어서 된 것으로 입말에서 많이 쓰인다.

(1) ㄱ. 당신 무엇을 먹을건대?

ㄴ. 그가 언제 올건대?

ㄷ. 이것으로 무엇 할건대?

이 어미로는 1인칭은 주어로 쓰일 수 없고 주로 상대방의 의사나 어떤 사실을 물을 때 쓰이는 물음어미이다.

27. 「-ㄹ까보냐/-을까보냐」

이것은 「-을까 보다」의 의문법으로 상대방의 추측을 물을 때 쓰이는 물음어미이다.

(1) ㄱ. 이 돈이 얼마나 될까보냐?

　　ㄴ. 내가 그것을 받을까보냐?

　　ㄷ. 네가 이길까보냐?

　　ㄹ. 그런다고 내가 갈까보냐?

　　ㅁ. 이 옷이 좀 클까보냐?

　　ㅂ. 이 사람이 네 친구일까보냐?

28. 「-ㄹ꺼나/-을꺼나」

이 어미는 「-ㄹ거나」와 같은 뜻으로 쓰이는데 스스로 반문하거나 상대방의 의사를 물어 보는 뜻을 나타낸다. 우리말 사전에서는 「-ㄹ꺼나」는 쓰지 말라고 하지만 실생활에서 많이 쓰이므로 여기서 같이 다루기로 한다.

(1) ㄱ. 울릉도로 갈꺼나(갈거나)?

　　ㄴ. 이걸 어찌 할거나?

　　ㄷ. 이것을 먹을꺼나?

이 어미는 동사에만 쓰인다.

29. 「-라느냐」

이것은 「-라 하느냐」가 줄어서 된 것으로 비종결어미는 「-시-」만이 쓰인다. 모든 서술어에 다 쓰인다.

(1) ㄱ. 이것이 무엇이라느냐?

　　ㄴ. 내가 거기에 가라느냐?

ㄷ. 자네가 나에게 무엇을 하라느냐?

ㄹ. 할아버지께서 거기를 가시라느냐?

ㅁ. 그녀를 착하다느냐?

30. 「-으랴/-랴」

이 어미는 느낌을 곁들여 반문하는 뜻을 나타낸다. 또 자기가 하려는 행동에 대하여 상대방의 의사에 대한 답을 묻는 뜻을 나타내기도 한다.

(1) ㄱ. 거기에 간 사람이 나뿐이랴?

ㄴ. 나는 지금 어디로 가랴?

ㄷ. 너는 서울로 가랴?

ㄹ. 너는 무엇을 먹으랴?

ㅁ. 내가 이것을 어찌하랴?

ㅂ. 이 꽃이 얼마나 향기로워랴?

31. 「-니가/-닌가」

이것은 「-니 이가」와 「-니 인가」가 줄어서 된 것으로 「아니다」에 붙어서 물음을 나타내는 어미이다. 사투리에서 많이 쓰인다.

(1) ㄱ. 네가 길동이 아니가?

ㄴ. 이게 금덩어리가 아닌가?

ㄷ. 내가 바보 아니가?

ㄹ. 이게 떡이 아닌가?

32. 「-려나/-으려나」

동사에 쓰이어 추측하여 묻거나 그냥 가벼운 물음을 나타내는 어미이다. 「-었-/-았-」, 「-시-」 등을 취할 수 있고 주어 제약은 없다.

(1) ㄱ. 너는 지금부터 무슨 일을 하려나?

　　ㄴ. 우리가 언제 다시 만나려나?

　　ㄷ. 내일은 비가 오려나?

　　ㄹ. 순이는 무슨 옷을 입으려나?

　　ㅁ. 할아버지께서 언제 오시려나?

33. 「-려느냐/-련」

이것은 「-려 하려느냐」가 줄어서 된 것으로 비종결어미는 「-시」만이 쓰일 수 있고 주어는 2인칭이나 3인칭이 쓰일 수 있으나 1인칭도 쓰일 수 있을 듯하다. 「-련」은 「-려느냐」가 줄어서 된 것이다. 동사에만 쓰인다.

(1) ㄱ. 너는 지금 어디로 가려느냐(가련)?

　　ㄴ. 언제 오시려느냐 그리운 임아?

　　ㄷ. 그는 무슨 공부를 하려느냐?

　　ㄹ. 언제 그가 오려느냐?

34. 「-려던」

이것은 「려 하던」이 줄어서 된 것으로 동사에 쓰이며 상대의 답을 요구하는 물음어미이다.

(1) ㄱ. 그가 무엇을 하려던?

ㄴ. 내가 그때 무엇을 하려던?

ㄷ. 그가 도망가려던?

ㄹ. 지금 차가 떠나려던?

35. 「-어라/-아라」

이 어미는 동사에 오면 시킴을 나타내고 형용사에 오면 느낌을 나타내지만 때로는 말할이가 되물을 때는 물음을 나타내기도 한다.

(1) ㄱ. 내가 이것을 먹어라?

ㄴ. 밥을 어서 먹어라?

ㄷ. 답안지를 빨리 쓰라?

ㄹ. 빨래를 걷어라?

「-어라/-아라」는 동사의 어간이 양성모음이냐 음성모음이냐에 따라 구별 사용되지만 때로는 「-으라」도 쓰일 때가 있다. (1ㄷ 참조)

36. 「-아야지」

이것은 「-아야 하지」가 줄어서 된 것으로 입말에서 의문법으로 쓰이는 일이 있다.

(1) ㄱ. 작아도 여간 작아야지?

ㄴ. 스승의 은혜를 갚아야지?

ㄷ. 내가 가 보아야지?

ㄹ. 네가 가 보아야지?

37. 「-을까/-ㄹ까」

서술어 어간에 붙어 상대방 의사를 물어 보거나 가능성에 대하여 물어 보는 뜻을 나타낸다. 「-었-/-았-」, 「-시-」가 쓰일 수 있고 주어 제약은 없다.

(1) ㄱ. 우리 여기서 무엇을 먹을까?

ㄴ. 이 꽃이 피면 얼마나 아름다울까?

ㄷ. 이것이 무엇일까?

ㄹ. 네가 그때 거기에 갔을까?

ㅁ. 할아버지는 그 잔치에 가실까?

「-을까」는 받침 없는 동사나 형용사에 오면 「-ㄹ까」로 되고 「-이다/아니다」에도 「-ㄹ까」로 된다.

38. 「-을까말까/-ㄹ까말까」

이 어미도 상대방의 답을 물을 때 쓰인다. 「-었-/-았-」, 「-시-」가 쓰일 수 있고 주어는 별 제약이 있는 것 같지 아니하다.

(1) ㄱ. 나는 공부를 할까말까?

ㄴ. 내일은 날씨가 맑을까말까?

ㄷ. 우리는 이것을 살까말까?

ㄹ. 내가 갈까말까?

이 어미는 '우리'라는 집단에게 말할이 1인칭이 묻는 경우에 쓰인다. 이 어미는 동사에만 쓰인다.

39. 「-을까보냐」

「-을까 보다」의 의문법으로 상대방의 추측이나 의사를 물어보면서 한편으로 그렇게 할 리가 없음을 나타낸다. 「-었-/-았-」, 「-시」를 취할 수 있으며 주어는 2인칭은 쓰이기 어려운 듯하다.

(1) ㄱ. 지금까지 몇 시간이나 되었을까보냐?

ㄴ. 이런 일을 하는 것이 어찌 좋을까보냐?

ㄷ. 내가 그런 일을 했을까보냐?

ㄹ. 그것이 어찌 보물이 아닐까보냐?

ㅁ. 그런 말 한 마디가 어찌 죄일까보냐?

40. 「-(으)뇨」

이 어미는 형용사와 「-이다/아니다」에 쓰이어 「-으냐」보다 예스러운 뜻을 띠며 시에 잘 쓰인다.

(1) ㄱ. 이것이 무엇이뇨?

ㄴ. 영웅호걸이 몇몇이뇨?

ㄷ. 이 꽃이 얼마나 아름다우뇨?

ㄹ. 달이 이리도 밝으뇨?

41. 「-으라느냐」

이것은 「-으라 하느냐」가 줄어서 된 어미로 동사와 「-이다/아니다」에 쓰이어 물음을 나타낸다. 비종결어미는 쓰일 수 없고 주어 제약은 없는 듯하다.

(1) ㄱ. 내가 무엇을 먹으라느냐?

   ㄴ. 네가 이것을 가지라느냐?

   ㄷ. 그가 옷을 입으라느냐?

   ㄹ. 이것이 무엇이라느냐?

42. 「-(으)라면서」

「-이라 하면서」가 줄어든 말로 어떤 사실을 반문하거나 다짐하거나 빈정거림의 뜻을 나타내는데, 이 어미는 반말에도 쓰이고 극비칭에도 쓰이므로 여기에서 다루기로 한다.

(1) ㄱ. 그의 말을 믿으라면서?

   ㄴ. 너는 나를 가라면서?

   ㄷ. 내가 이것을 먹으라면서?

   ㄹ. 이 책을 가지라면서?

이 어미는 줄여서 「-으라며」로 쓰이는 일도 있다.

(2) ㄱ. 내가 이 옷을 입으라며?

   ㄴ. 그가 나를 믿으라며?

이 어미는 동사에만 쓰일 수 있다. 비종결어미는 쓰일 수 없다.

43. 「-으란다며/-으란다면서」

이것은 「-으라 한다하면서/-으라 한다 하며」가 줄어서 된 것으로 동사와 「-이다/아니다」에 쓰인다. 비종결어미는 쓰일 수 없다.

(1) ㄱ. 그가 너에게 이 약을 먹으란다면서(먹으란다며)?

ㄴ. 이것이 보물이란다면서(보물이란다며)?

ㄷ. 영희가 나를 가란다면서(가란다며)?

44. 「-자느냐」

이 어미는 「-자 하느냐」가 줄어든 것으로 동사와 자제 가능한 형용사에 쓰이어 상대방의 의사를 묻는 의문법이다.

(1) ㄱ. 우리가 어디로 가자느냐?

ㄴ. 네가 무엇을 하자느냐?

ㄷ. 그가 무슨 일을 하자느냐?

ㄹ. 여기서 얼마나 쉬자느냐?

2.5.2. 상대방의 의사를 묻는 어미

이에는 「-ㄹ(을)거지」, 「-ㄹ(을)래」, 「-ㄹ(을)려고」, 「- 려나」, 「-려느냐」, 「- ㄹ까」, 「- 련」, 「- ㄹ(을)거나」, 「- ㄹ(을)려느냐」, 「-ㄹ까말까」, 「- 자느냐」 등이 있다.

1. 「-ㄹ(을)거지」

이 어미는 「-을 것이지」가 줄어서 된 것으로 동사나 자제 가능한 형용사에 쓰인다.

(1) ㄱ. 너는 오늘 여기서 일할거지?

ㄴ. 우리와 같이 공부할거지?

ㄷ. 여기서 머물거지?

ㄹ. 너, 이것 먹을거지?

ㅁ. 너는 착할거지?

2. 「-ㄹ래/-을래」

이 어미는 2인칭의 의사를 묻는 물음어미로 동사에만 쓰이며 비종결어미는 쓰일 수 없다.

(1) ㄱ. 너는 이것을 받을래?

ㄴ. 오늘 밤은 여기서 잘래?

ㄷ. 이 밥을 먹을래?

ㄹ. 이 책을 읽을래?

3. 「-ㄹ(-을)려고」

이 어미는 의사를 묻는 물음어미로 「-았-/-었-」은 쓰일 수 없다. 현재나 미래에 대하여 쓰인다. 의사를 묻기 때문이다. 주어도 2인칭에 한한다. 서술어는 동사에 한한다.

(1) ㄱ. 지금 갈려고?

ㄴ. 너는 무엇을 먹을려고?

ㄷ. 내가 가면 너는 울려고?

ㄹ. 지금 여기서 떠날려고?

ㅁ. 너도 이 학교에 지원할려고?

ㅂ. 너도 나와 같이 여기서 공부할려고?

4. 「-려나」

이 어미는 「-려 하나」가 줄어서 된 것으로 비종결어미는 쓰일 수 없으며 서술어는 동사에 한한다.

(1) ㄱ. 너도 같이 가려나?

    ㄴ. 너는 여기서 지내려나?

    ㄷ. 미국으로 유학 가려나?

    ㄹ. 언제 오시려나? 그리운 님아.

이 어미는 상대방의 대답을 요구하는 의문문도 만들 수 있다.

(2) ㄱ. 내일은 그가 오려나?

    ㄴ. 언제 다시 만나려나?

    ㄷ. 너는 여기서 무엇을 하려나?

5. 「-려느냐」

이 어미는 「-려 하느냐」가 줄어서 된 것으로 동사에만 쓰이며 비종결어미는 쓰일 수 없다.

(1) ㄱ. 너는 서울로 이사 가려느냐?

    ㄴ. 여기서 장사를 하려느냐?

    ㄷ. 미국으로 관광차 떠나려느냐?

이 어미도 상대방의 대답을 요구하는 문장을 만들 수 있다.

(2) ㄱ. 무슨 공부를 하려느냐?

　　ㄴ. 무슨 일로 서울 가려느냐?

6. 「-ㄹ을까」

이 어미는 자기 의사를 묻거나 상대방 의사를 물을 때 쓰인다. 비종결어미는 쓰일 수 없고 동사에만 쓰인다.

(1) ㄱ. 우리 여기서 같이 놀까?

　　ㄴ. 이것을 먹을까?

　　ㄷ. 우리 바둑을 한 판 둘까?

　　ㄹ. 나는 무엇을 할까? (자신의 의사를 물음)

이 어미도 상대방의 대답을 요구하는 의문문을 만들 수 있고, 가능성을 나타내는 의문문도 만들 수 있다.

(2) ㄱ. 그는 어디서 올까?

　　ㄴ. 내일은 무슨 일이 있을까?

　　ㄷ. 그가 부자가 될 수 있을까?

　　ㄹ. 그 사람이 누구일까?

　　ㅁ. 그는 혼자서 그 일을 해 낼까?

7. 「-려」

이 어미는 「-려느냐」가 줄어든 것으로 동사에만 쓰이며 비종결어미는 쓰일 수 없다.

(1) ㄱ. 같이 가련?

　　 ㄴ. 이 옷을 입어 보련?

　　 ㄷ. 이 책을 너에게 주련?

이 어미도 상대방의 대답을 요구하는 뜻을 나타내기도 한다.

(2) ㄱ. 너는 언제 미국으로 떠나련?

　　 ㄴ. 너에게 무엇을 주련?

　　 ㄷ. 그가 이 일을 할 수 있으련?

(2ㄷ)은 가능성에 대한 답을 요구하고 있다.

8. 「-ㄹ거나/-을거나」

이 어미는 동사 어간에 붙어 스스로 반문하거나 상대방의 의사를 물어 보는 종결어미이다. 비종결어미는 쓰일 수 없다.

(1) ㄱ. 울릉도로 갈거나?

　　 ㄴ. 이 밥을 같이 먹을거나?

　　 ㄷ. 여기서 그 일을 처리할거나?

이 어미도 상대방의 대답을 요구하는 뜻을 나타내기도 하고 감탄의 뜻을 나타내기도 한다.

(2) ㄱ. 이 일을 어쩔거나?

　　 ㄴ. 너는 이 일을 어쩔거나?

9. 「-ㄹ(을)려」

이 어미는 동사 어간에 붙어 상대방의 의사를 묻는 뜻을 나타내며 비종결어미는 쓰일 수 없다.

(1) ㄱ. 너도 같이 갈려?

  ㄴ. 여기 있을려?

  ㄷ. 이 공장에서 일할려?

이 어미는 자신의 의사를 나타낼 때는 평서문이 되고 상대의 답을 요구하는 뜻을 나타낼 때는 의문문이 된다.

(2) ㄱ. 나는 공부 안 할려

  ㄴ. 너는 무엇을 먹을려?

  ㄷ. 그에게 무엇을 줄려?

10. 「-ㄹ(을)려느냐」

이 어미는 「-을려 하느냐」가 줄어서 된 것으로 동사에 쓰이며 비종결어미는 쓰일 수 없다.

(1) ㄱ. 너도 서울 가려느냐?

  ㄴ. 이 모자를 쓰려느냐?

  ㄷ. 이 차를 사려느냐?

  ㄹ. 이 떡을 먹을려느냐?

이 어미도 상대의 답을 요구하는 뜻을 나타내기도 한다.

(2) ㄱ. 너는 영어 공부를 하려느냐? 수학 공부를 하려느냐?

　　　(양자택일로 대답)

　　ㄴ. 너는 이들 중 어느 것을 가지려느냐?

11. 「-ㄹ(을)려고」

이 어미는 「-려고」와 뜻이 같은데, 연결어미로도 쓰이나 상대방의 뜻을 묻는 종결어미로도 쓰인다.

(1) ㄱ. 어느 수학 공부를 할려고?

　　ㄴ. 너는 술을 마실려고?

　　ㄷ. 무슨 책을 읽을려고?

이 어미도 상대의 답을 요구하는 뜻을 나타낼 수도 있다.

(2) ㄱ. 어디로 갈려고?

　　ㄴ. 언제 올려고?

12. 「-자느냐」

이 어미는 「-자 하느냐」가 줄어서 된 것으로 동사에만 쓰이며 비종결어미는 쓰일 수 없다.

(1) ㄱ. 같이 여기서 기다리자느냐?

　　ㄴ. 저 영화 구경을 가자느냐?

이 어미가 상대의 답을 요구하는 뜻도 나타내는데, 그 보기는 앞에서 다루었다.

3. 명령법의 대우법

이 법은 들을이의 면전에서 직접 사용되는 것이 특징인데 각 등분은 비종결어미와는 결합되지 않는다. 혹 극존칭법에서 「-시-」는 쓰일 수 있다. 명령법은 동사와 자제 가능한 형용사에 쓰임이 일반적이나 요즈음은 「-이다」에 쓰이어 강조의 뜻을 나타내는 일이 있다.

여기에서도 극존칭, 보통존칭, 보통비칭, 반말, 극비칭의 순서에 따라 다루겠는데, 삼가말은 극존칭의 범주에서 다룰 것이다. 사실 요즈음은 처제에 대하여는 보통존칭으로 대접함이 일반적이다.

3.1. 명령법의 극존칭

이 어법은 할아버지, 아버지, 스승, 큰아버지, 작은아버지, 외아저씨, 상관에게 대하여 하는 대우법이다. 사실 어른에 대하여 시킴이란 있을 수 없으나 부득이한 경우에 권유하는 식으로 말하여 어른이 행동하게 하는 것이 일반적이다.

이에 관한 어미에는 「-랍니다」, 「-랍디다」, 「-사오이다/-사외다」, 「시지요」, 「-세요/-으세요」, 「-으셔요」, 「-소서/-으소서」, 「-십시오」 등이 있다.

1. 「-랍니다」
이 어미는 「-라 합니다」가 줄어서 된 것으로 비종결어미는 「-시-」

가 쓰일 수 있다.

(1) ㄱ. 할아버지, 애비가 어서 오시랍니다.

ㄴ. 아버지, 여기서 기다리시랍니다.

ㄷ. 선생님, 댁으로 어서 오시랍니다.

ㄹ. 과장님, 회의에 참석하시랍니다.

이 「-랍니다」는 「-이다/아니다」에 쓰일 때는 평서법이 된다. 형용사 중 자제 가능한 것에 쓰이면 명령법이 된다.

(2) ㄱ. 여러분 조용하시랍니다.

ㄴ. 우리 모두, 부지런하랍니다.

ㄷ. 모두들 착하랍니다.

2. 「-랍디다」

이것은 「-라 합디다」가 줄어서 된 것으로 「-시-」가 오면 「-시랍디다」의 꼴로 된다. 지나간 때의 시킴을 현재에 와서 돌이켜 말하는 명령법이다.

(1) ㄱ. 선생님, 어서 오시랍디다.

ㄴ. 국장님이 여기에서 기다리시랍디다.

ㄷ. 할아버지, 천천히 오시랍디다.

3. 「-세요/-으세요」

이 어미는 「-으시어요」가 줄어서 된 것으로 이에는 비종결어미는 쓰일 수 없다.

(1) ㄱ. 어서 오세요.

ㄴ. 이 선물을 받으세요.

ㄷ. 많이 잡수세요.

ㄹ. 편안히 주무세요.

「-으세요」는 어간에 받침이 있는 동사에 쓰이고 「-세요」는 어간에 받침이 없는 동사에 쓰인다.

4. 「-으셔요/-셔요」

이것은 「-으세요」와 같은 뜻의 어미인데 「-으시어요」가 줄어서된 것이다.

(1) ㄱ. 앉으셔요.

ㄴ. 이것을 받으셔요.

ㄷ. 새해 복 많이 받으셔요.

「-으셔요」는 어간에 받침이 있는 동사에 쓰이고 「-셔요」는 어간에 받침이 없는 동사에 쓰인다. 「-으세요」나 「-으셔요」는 자제 가능한 형용사에도 쓰일 수 있다.

(2) ㄱ. 오래 오래 편안하세요(편안하셔요).

ㄴ. 건강하셔요(건강하세요).

5. 「-소서/-으소서」

이 어미는 그 앞에 「-옵-」을 더하여 「-옵소서」로 쓰이기도 한다. 간절한 바람의 뜻을 나타낸다.

(1) ㄱ. 하느님, 복을 내려주소서.

ㄴ. 용서하시고 들으소서.

ㄷ. 부디 참으소서.

ㄹ. 용서하여 주옵소서.

ㅁ. 가시는 걸음걸음 놓인 그 꽃을 사뿐히 즈려밟고 가시옵소서.

(1ㅁ)의 '가시옵소서'는 「-가 옵소서」를 가장 높여서 한 말이 된다.

6. 「-십시오」

이 어미는 보통존칭의 「-ㅂ시오」에 「-시-」를 더함으로써 「-ㅂ시오」를 더 높였으므로 아주 높임의 명령법이 되었다.

(1) ㄱ. 안녕히 가십시오.

ㄴ. 안녕히 계십시오.

ㄷ. 좀 참으십시오.

ㄹ. 이 조품을 받아주십시오.

ㅁ. 이 술을 받아주십시오.

7. 「-시지오」

이 어미는 보통존칭의 「-지요」에 「-시-」를 더함으로써 극존칭이 되었다.

(1) ㄱ. 선생님, 이 차를 드시지요.

　　ㄴ. 이 책을 읽으시지요.

이 어미는 동사에만 쓰이고 비종결어미는 쓰일 수 없음은 다른 명령법과 같다.

3.2. 명령법의 보통존칭

보통존칭은 형, 선배, 처제, 처형 및 이들에 대등한 분들에게 쓰는 어법인데 이 어미에는 「-래요/-으래요」, 「-ㅂ시오/-읍시오」, 「-사오이다/-사외다」, 「-이요/-아요」, 「-으리오/-라오」, 「-ㅂ쇼/-읍쇼/-읍시오」, 「-요」 등이 있다.

1. 「-래요/-으래요」

이 어미는 「-라 해요」가 줄어든 것으로 동사와 형용사에 쓰이고 「-이다/아이다」에 쓰이면 서술법이 된다. 형용사는 자제 가능한 것에 한한다.

(1) ㄱ. 우리 모두 조용하래요.

　　ㄴ. 어서 나가래요.

　　ㄷ. 이 약을 먹으래요.

　　ㄹ. 모두들 부지런하래요.

　　ㅁ. 이 옷을 어서 입으래요.

　　ㅂ. 이 두루마기를 벗으래요.

(ㄷ, ㅁ, ㅂ)에서 보면 「-으래요」는 어간에 받침이 있을 때 쓰임을 알 수 있다.

2. 「-ㅂ쇼/-읍쇼/-읍시오/-ㅂ시오」

여기의「-ㅂ쇼」는 「-ㅂ시오」의 준말이요, 「-읍쇼」는 「-읍시오」의 준말이며, 「-읍시오」는 받침 있는 동사에 쓰인다. 「-읍시오」를 더 높일 때는 「-으십시오」가 되는데, 이것은 극존칭에서 다루었다. 「-ㅂ시오」는 개음절 다음에 쓰인다.

(1) ㄱ. 어서 옵쇼.

ㄴ. 어서 갑쇼.

ㄷ. 제 말을 믿읍쇼.

ㄹ. 이 선물을 받읍쇼.

ㅁ. 여기 앉읍시오.

ㅂ. 어서 옵시오.

ㅅ. 이것을 싼 값에 삽시오.

3. 「-어요/-아요」

이것은 어간의 모음이 양성모음이냐 음성모음이냐에 따라 구별, 사용된다. 자제 가능한 형용사에도 쓰인다.

(1) ㄱ. 어서 와요.

ㄴ. 조용해요.

ㄷ. 잘 있어요.

ㄹ. 이 책을 읽어요.

ㅁ. 이 우편물을 받아요.

이 「-어요/-아요」는 어른들이 어린이에 대하여 귀여워서 쓰는
일이 있다.

(2) ㄱ. 이것을 먹어요/
    ㄴ. 조용히 해요/
    ㄷ. 잘 가요/

(2)에서와 같이 이럴 때는 문장의 끝을 상승조로 말한다.

4. 「-오」
이 어미는 받침 없는 형용사 어간 다음에 쓰여 시킴을 나타낸다.

(1) ㄱ. 어서 오오.
    ㄴ. 잘 가오.
    ㄷ. 어서 보오

「-어요/-아요」, 「-오」가 '잘 가요/잘 가오', '어서 와요/어서 오
오', '잘 있어요'와 같은 용법은 경우에 따라서는 인사를 할 때 쓰이
고 있다. 이런 경우는 시킴이라고 보기는 어렵다. '시킴의 인사말
용법'이라고 하여야 할 것이다.

5. 「-소/-으소」
이 어미는 동사 어간에 쓰이어 시킴을 나타낸다. 또 경우에 따라

서는 인사말에도 쓰인다. 그 용법은 「시킴의 인사말 용법」이라고
하여야 할 것이다.

(1) ㄱ. 잘 가소, 잘 있소. (인사말 용법)

　　ㄴ. 이리 오소.

　　ㄷ. 이것을 가지소.

　　ㄹ. 이 책을 받으소.

　　ㅁ. 놀라지 마소.

「-소」는 서술법이나 의문법 보통존칭으로도 쓰인다. 예를 들면
다음과 같다.

(2) ㄱ. 그는 잘 있소↘ (서술)

　　　그는 잘 있소↗ (물음)

　　ㄴ. 그 소는 풀을 잘 먹소↘ (서술)

　　　그 소는 풀을 잘 먹소↗ (물음)

6. 「-라오/-으라오」

이것은 「-(으)라 하오」가 줄어서 된 말로 동사와 자제 가능한 형
용사에만 쓰인다.

(1) ㄱ. 무조건 자기 말을 믿으라오.

　　ㄴ. 이것을 가져 가라오.

　　ㄷ. 누구든지 자기를 따르라오.

　　ㄹ. 조용하라오.

ㅁ. 정직하라오.

이 어미가 「-이다/아니다」에 쓰이면 서술법이 된다.

(2) ㄱ. 이것이 세계지도라오.

ㄴ. 여기가 서울이라오.

ㄷ. 그는 군인이 아니라오.

3.3. 명령법의 보통비칭

보통비칭은 장성한 아우나 제자나 종질부, 생질부, 중년기 이상의 친구 사이나 타성의 장성한 후배에 대하여 쓰는 어법으로 이에는 「-게」, 「-게나」, 「-라네/-으라네」 등이 있다.

1. 「-게」

이 어미는 동사와 자제 가능한 형용사에 쓰인다. 주어는 2인칭에 한한다.

(1) ㄱ. 제발 부지런하게

ㄴ. 열심히 공부하게

ㄷ. 내일은 일찍 오게

ㄹ. 이 선물을 받게

ㅁ. 이것을 자네 어른께 드리게

2. 「-게나」

이 어미는 「-게」를 친근하게 나타내는 말로 「-게」와 용법이 같
다.

(1) ㄱ. 이것을 좀 봐 주게나

    ㄴ. 제발 좀 들게나

    ㄷ. 좀 침착하게나

    ㄹ. 천천히 하게나

    ㅁ. 제발 밥 좀 먹게나

3. 「-라네/-으라네」

이것은 「-라 하네」가 줄어서 된 말로 동사와 자제 가능한 형용사
에 쓰인다. 이 어미가 「-이다/아니다」에 쓰이면 서술법이 된다.

(1) ㄱ. 우리를 어서 오라네

    ㄴ. 식사를 빨리 하라네

    ㄷ. 이 선물을 받으라네

    ㄹ. 우리 모두 착하라네

「-이다/아니다」에 오면 서술법이 되는 보기를 들면 다음과 같다.

(2) ㄱ. 이것이 책이라네.

    ㄴ. 정이월 다 가고 삼월이라네.

3.4. 명령법의 반말

반말은 보통존칭과 보통비칭사이나 보통비칭과 극비칭 사이에 쓰이는데, 어느 쪽이든 분명하지 않게 애매하게 쓰는 어법이다. 부부가 부모(시어른) 앞에서 쓰기도 하고, 친한 친구끼리, 또는 집안사람 사이에서 나이는 적은데 촌수가 높은 사람이 나이는 많으나 촌수가 아래인 사람에 대하여 쓰는 어법이다. 이에는 「-어/-아」, 「-으래」, 「-지」 등이 있다.

1. 「-어/-아」
「-어」는 어간의 종성이 음성모음일 때, 쓰이고 「-아」는 양성모음일 때 쓰인다.

(1) ㄱ. 어서 먹어.

　　ㄴ. 좀 자주 놀러와.

　　ㄷ. 제발 조용해.

　　ㄹ. 아버지는 서울 가셔.

　　ㅁ. 어서 가.

(1ㄱ)의 「-먹어」는 '먹어라'는 뜻이오, (1ㄴ)은 '와요' 할 것을 '와'로 말하거나, '오게' 할 것을 '와'로 하였거나, '오너라' 할 것을 '와'로 나타낸 것으로 볼 수 있다. (1ㄷ)은 '조용하라' 또는 '조용하게'의 뜻으로 보아지며 (1ㄹ)의 '가셔'는 '가신다'의 뜻으로 이해된다. (1ㅁ)의 '가'는 '가요', '가게', '가라'의 여러 뜻으로 해석할 수 있다. 선배라도 친한 사이이면 '가'로 말할 수 있을 것이다. 따라서 반말은

참으로 어중간한 어법이다. 다음 표현을 보자. "형, 같이 가." 이때는 '형, 같이 가요'의 뜻으로 보아야 할 것이다.

2. 「-지」

이 「-지」도 앞의 「-어/-아」의 경우와 그 용법이 같다.

(1) ㄱ. 자네는 지금 떠나지 ('떠나게'의 뜻)

　　ㄴ. 형도 같이 가지 ('가지요'의 뜻)

　　ㄷ. 너도 같이 가지 ('가거라'의 뜻)

　　ㄹ. 여기서 기다려 보던지 ('보아라'의 뜻)

이 「-지」는 「-어/-아」보다 더 애매한 표현이다. 「-어/-아」는 시 킴의 뜻이 좀 분명하다면 이 「-지」는 그 뜻이 좀 모호하다는 느낌이 든다. (1ㄹ)의 '보던지'는 '보든지 말든지 마음대로 하라'는 아주 모 호한 뜻으로 받아들여진다.

3.5. 명령법의 극비칭

극비칭은 다정한 친구나 손아래 사람에 대하여 직접 쓰는 어법으 로 이에는 「-거라」, 「-너라」, 「-라」, 「-라니까」, 「-(으)려무나/-렴」, 「-렸다」, 「-어라/-아라」, 「-아야지」, 「-으라-」, 「-으라고」, 「-으래」, 「-을지어다」, 「-을지라」, 「-을지니라」 등이 있다.

1. 「-거라」

이 어미는 '가거라', '있거라', '자거라', '앉거라', '일어나거라', '서

거라', '듣거라' 등과 같이 그 한정된 동사에 명령법으로 쓰인다. 비종
결어미가 쓰일 수 없음은 말할 필요가 없다.

(1) ㄱ. 가거라, 삼팔선아.

ㄴ. 잘 있거라. 나는 간다. 이별의 말도 없이

ㄷ. 잘 자거라, 아가야.

ㄹ. 편히 앉거라.

ㅁ. 자 같이 일어나거라.

ㅂ. 모두 일어서거라.

ㅅ. 모두들 잘 듣거라. 내일은 즐거운 소풍날이다.

2. 「-너라」

이 어미는 '오다' 류의 동사에 쓰인다. 극비칭에만 쓰인다.

(1) ㄱ. 어서 오너라.

ㄴ. 들어오너라.

ㄷ. 어서 나오너라.

ㄹ. 저리로 돌아오너라.

ㅁ. 삼팔선을 넘어오너라.

지방에 따라서는 「-나라」로도 쓰는 일이 있다. 즉 '오나라'와 같
이 쓴다. 또 요즈음은 「-오라」, 「-와라」로 쓰는 경향이 있으나 오른
어법은 아니다.

3. 「-(으)라」

이 어미는 동사에 쓰이어 시킴을 나타내나 「-어라/-아라」, 「-거라」, 「-너라」에서 줄여서 쓰이기도 한다.

(1) ㄱ. 일어나라. 동포여!

   ㄴ. 오라, 오라, 동포여!

   ㄷ. 돌아보지 말고 어서 가라.

   ㄹ. 이것을 너 혼자 먹어라.

   ㅁ. 다음 물음에 대한 답을 쓰라.

   ㅂ. 이 편지를 받아라.

   ㅅ. 제발 종용하라.

   ㅇ. 부지런하라, 여러분!

4. 「-ㄹ지어다/-을지어다」

동사 어간에 붙어 마땅히 하여야 한다는 뜻을 나타내므로 시킴의 어미로 봄직하다. 자제 가능한 형용사에도 쓰인다.

(1) ㄱ. 여러분! 열심히 할지어다.

   ㄴ. 동포여! 일어설지어다.

   ㄷ. 어른의 말씀을 잘 들을지어다.

   ㄹ. 제발 조용할지어다.

이 어미는 예스러운 정중한 표현에 쓰인다.

5. 「-ㄹ진저/-을진저」

「-ㄹ진저」는 개음절 동사 어간에 쓰이고 「-을진저」는 폐음절 동사에 쓰인다. 이 어미는 '마땅히 하여야 할 것이다'의 뜻으로 당위성을 나타내므로 시킴으로 볼 수도 있으므로 여기서 다룬다. 정중한 말이나 글에 쓰인다.

(1) ㄱ. 학생은 마땅히 공부할진저

ㄴ. 사람은 누구나 정직할진저

ㄷ. 선생님의 말씀을 잘 들을진저

ㄹ. 조용할진저

ㅁ. 모든 사람은 부지런할진저

이 어미는 자제 가능한 형용사에도 쓰일 수 있다.

6. 「-라니까」

이 어미는 「-라 하니까」가 줄어든 것으로 주로 받침 없는 동사 어간에 붙어 불평하거나 꾸짖어 거듭 명령하는 뜻을 나타낸다.

(1) ㄱ. 잔소리 말고 어서 가라니까.

ㄴ. 제발 어서 오라니까, 그래.

ㄷ. 잠자코 있으라니까.

7. 「-려무나/-렴」

「-려무나」는 받침 없는 동사 어간에 붙어 간곡한 시킴의 뜻을 나타낸다. 「-렴」은 「-려무나」가 줄어든 말로 뜻은 같다. 자제 가능한 형용사에도 쓰인다.

(1) ㄱ. 가려무나, 어서 가려무나.

　　ㄴ. 놀다 오려무나.

　　ㄷ. 좀 부지런하려무나.

　　ㄹ. 여기에 조용히 있으려무나.

　　ㅁ. 하고 싶은 대로 하렴.

　　ㅂ. 제발 조용하렴.

8. 「-렷다」

ㄹ받침 이외의 받침 없는 형용사 어간에 붙어 시킴을 나타낸다.
예스런 표현에 쓰인다.

(1) ㄱ. 분부대로 거행하렷다.

　　ㄴ. 다시는 그런 일을 하지 말렷다.

　　ㄷ. 제발 조용하렷다.

　　ㄹ. 부디 부지런하렷다.

　　ㅁ. 그 시합에서 반드시 이기렷다.

9. 「-어라/-아라」

「-어라」는 동사 어간의 모음이 음성모음일 때 쓰이고 「-아라」는
양성모음일 때 쓰이는 시킴의 어미이다. 이 어미는 동사는 물론 자
제 가능한 형용사에 쓰인다. 이 어미는 시킴의 대상이 정해져 있을
때 쓰인다.

(1) ㄱ. 열심히 노력하여 성공하여라.

ㄴ. 여러분, 조용하여라.

ㄷ. 감기에는 이 약을 먹어라.

ㄹ. 노는 일에 신경 쓰지 말아라.

시킴의 이 어미에는 「-시-」는 쓰일 수 있으나 「-었-/-았-」과 「-겠-」, 「-리」는 쓰일 수 없고 주어도 2인칭에 한한다.

그런데 「-어-/-아」가 형용사에 쓰일 때는 느낌을 나타낸다.

(2) ㄱ. 아이 기분 좋아라.

ㄴ. 달도 밝아라.

ㄷ. 아이, 예뻐라.

10. 「-아야지」

이 어미는 「-아야 하지」가 줄어든 말로 비종결어미 「-었/-았」, 「-시-」 등을 취할 수 있고 자제 가능한 형용사에도 쓰일 수 있다.

(1) ㄱ. 스승의 은혜를 갚아야지.

ㄴ. 언제나 조용했어야지.

ㄷ. 학교에 갔어야지.

ㄹ. 이 일을 밝혀야지.

ㅁ. 병을 고치려면 약을 먹어야지.

11. 「-으라」

이 어미는 정해진 대상이 없이 많은 사람을 대상으로 한 명령법이다.

(1) ㄱ. 이 물음에 대한 답을 쓰라.

ㄴ. 이 문제를 잘 풀으라.

ㄷ. 청년 여러분, 나의 말을 들으라.

「-으라」에 대하여 「-어라/-아라」는 일정한 상대자에게 대하여
쓰는 명령법이다.

(2) ㄱ 명희야 보아라

ㄴ. 큰애야 보아라.

12. 「-으라고」
이 어미는 시킴의 어미 「-으라」에 인용조사 「-고」가 더하여 된
것이다.

(1) ㄱ. 비가 온다. 어서 가라고

ㄴ. 보모의 말씀을 들으라고

ㄷ. 너는 여기 있으라고

ㄹ. 제발 침착하라고

13. 「-을지니라」
이 어미에 대하여 『우리말 사전』에는 서술어미로 설명되어 있지
만 그 뜻으로 보면 시킴의 뜻을 나타내는 경우가 있으므로 여기에
서 다룬다.

(1) ㄱ. 너는 가만히 있을지니라.

　　ㄴ. 하루 세끼 밥을 먹을지니라.

　　ㄷ. 우리는 마땅히 조용할지니라.

위의 보기에 따르면 '어떠하냐' 함을 말함으로써 간접적인 시킴의 뜻을 나타내고 있다.

4. 권유법의 대우법

이 어법은 상대방으로 하여금 어떤 행동을 말할이와 같이 하자고 꾀이는 법이다. 상대는 어른으로부터 젊은이에 이르기까지 같이 어떤 행위를 할 수 있는 사람이다. 이에도 말대접의 등분에 따라, 극존칭, 보통존칭, 보통비칭, 반말, 극비칭의 다섯 등급이 있다.

4.1. 권유법의 극존칭

「-으십시다/-으십세다」, 「-으십시다요/-으십세다요」, 「-으사이다」, 「-시지요」 등이 있다.

1. 「-으십시다/-으십세다」

「-으십시다」는 「-으십+시+다」로 된 것이요. 「-으십세다」는 「-으십+세+다」로 분석되나 느낌으로는 「-으십사이다」가 줄어서 된 것은 아닌가 하는 생각이 든다.

(1) ㄱ. 어르신, 같이 가십시다.

　　ㄴ. 모두 같이 가십세다.

2. 「-으사이다」

이 어미는 청원을 나타내는 권유가 된다. 비종결어미는 쓰일 수
없다.

(1) ㄱ. 같이 가사이다.

　　ㄴ. 이 선물을 같이 받으사이다.

　　ㄷ. 우리 모두 여기서 하루를 쉬어 가사이다.

이 어미는 예스러운 표현에 쓰인다.

3. 「-시지요」

이것은 요즈음 자주 쓰이는 권유법 어미이다.

(1) ㄱ. 어르신 같이 차를 타시지요.

　　ㄴ. 같이 회의장으로 가시지요.

위에서 보기로 든 어미 이외에도 명령법의 「-으세요」와 「-으셔요」
도 문장에 따라 권유를 나타내는 일이 있다.

(2) ㄱ. 어르신, 같이 가세요.

　　ㄴ. 어르신, 같이 식사 하셔요.

권유법의 극존칭은 조부모나 부모, 스승, 일반 어른들에 대하여 사용하지만 어려운 경우에는 "할아버지, 지금 같이 가시면 좋겠습니다", "할아버지, 가시지 않으시겠습니까" 등과 같이 간접표현으로 권유를 나타내기도 한다.

4.2. 권유법의 보통존칭

이 어법은 형이나 선배, 처제, 처형 이들에 대등한 사람에게 쓰는 대우법이다. 이에는 「-ㅂ시다/-읍시다」, 「-읍세다」가 있다.

1. 「-ㅂ시다/-읍시다」

「-ㅂ시다」는 받침이 없는 어간에 쓰이고 「-읍시다」는 받침이 있는 어간에 쓰인다. 자제 가능한 형용사에도 쓰일 수 있다.

(1) ㄱ. 형, 같이 갑시다.

　　ㄴ. 형님, 같이 식사합시다.

　　ㄷ. 우리 모두 조용합시다.

　　ㄹ. 형, 같이 먹읍시다.

2. 「-읍세다」

이 어미는 「-읍 서이다」가 준 것은 아닌가 생각해 본다.

(1) ㄱ. 같이 놉세다.

　　ㄴ. 점심을 같이 먹읍세다.

　　ㄷ. 우리 모두 침착합세다.

이 어미도 「-ㅂ시다/-읍시다」와 그 용법에 별 다른 데가 있는 것 같지 아니하다.

경상도 사투리에서는 「같이 가소」와 같이 「-소」로써 권유를 나타내는 경우가 많다.

4.3. 권유법의 보통비칭

보통비칭은 장성한 아우나 제자나 종질부, 생질부, 중년기 이상의 친구 사이나 타성의 장성한 후배에게 대하여 쓰는 어법으로 여기에는 「-세」, 「-음세」가 있다.

1. 「-세」
이 어미는 동사와 자제 가능한 형용사에 쓰이는 권유법이다.

(1) ㄱ. 일하러 가세. 일하러 가세. 삼천리강산에 일하러 가세.

　　 ㄴ. 우리 모두 부지런하세.

　　 ㄷ. 우리 힘껏 일해 보세.

2. 「-음세」
받침 있는 동사나 자제 가능한 형용사에 쓰이어 권유의 뜻을 나타낸다.

(1) ㄱ. 우리 같이 감세.

　　 ㄴ. 우리 같이 먹음세.

　　 ㄷ. 우리 모두 조용하세.

경우에 따라서는 약속을 나타내는 일이 있다.

(2) ㄱ. 내일 갚음세.

ㄴ. 내일 그를 데려옴세.

4.4. 권유법의 반말

반말은 높이기도 그렇고 낮추기도 어중간한 경우에 쓰인다. 부모 앞에서 부부끼리 말을 주고받을 때, 또는 집안의 나이 적은 아저씨 가 나이 많은 조카를 보고 '해라' 할 수도 없고 '하오' 할 수도 없는 경우에 쓰이는 어법이다.

이에는 「-어/-아」, 「-지」, 「-자니까」가 있다.

1. 「-어/-아」

이것은 「-어소/-아소」 또는 「-어요/-아요」, 보기에 따라서는 「-아라/-아라」가 줄어서 된 것으로 보아진다.

(1) ㄱ. 같이 가아.

ㄴ. 어디 가아.

ㄷ. 같이 먹어.

ㄹ. 조용해.

ㅁ. 제발 좀 침착해.

2. 「-지」

최현배 선생(1983)의 『우리말본』에서는 명령법과 권유법의 반말에는 「-지」는 쓰이지 않는다고 하였으나 실제 언어생활에서 보면 쓰이는 일이 있기 때문에 여기에서 다루기로 한다.

(1) ㄱ. 모두 같이 가지.
　　ㄴ. 어서 같이 들지.
　　ㄷ. 우리는 여기서 머물지.

3. 「-자니까」

이 어미는 「-자 하니까」가 줄어서 된 것으로 함께 하자는 내용을 거듭 강조하거나 언짢게 나타내는 반말투의 어미이다. 동사와 자제 가능한 형용사에 쓰인다.

(1) ㄱ. 그만 따지자니까
　　ㄴ. 어서 나가자니까
　　ㄷ. 제발 침착하자니까
　　ㄹ. 그만 파자니까

4.5. 권유법의 극비칭

이 어법은 집안의 어른이 손아래 사람에게, 또는 어린이나 젊은 이에게 대하여 말하거나 친한 친구 사이에서 말하거나, 선생이 제 자에게 대하여 하는 어법이다. 제자라도 대학생에게는 보통비칭법 을 써야 한다. 대학생은 성인이기 때문이다. 이 어미에는 「-자」하나 가 있다.

1. 「-자」

이 어미는 동사나 자제 가능한 형용사에 쓰이는데, 문장에 따라서는 무엇을 하겠다는 의지를 나타내기도 한다.

(1) ㄱ. 어서 가자, 가자 바다로 가자.

　　ㄴ. 나비야 청산 가자. 범나비 너도 가자.

　　ㄷ. 우리 조용하자.

　　ㄹ. 모두 모두 부지런하자.

　　ㅁ. 열심히 일하여 새 나라를 건설하자.

　　ㅂ. 낙하암 그늘 아래 울어나 보자.

　　ㅅ. 그 일에 대하여 내가 한번 생각해 보자.

(1ㄱ~ㅁ)까지는 권유의 뜻을 나타내나 (1ㅂ~ㅅ)은 말할이의 의지를 나타낸다. 즉 (1ㅂ)의 '울어나 보겠다'는 뜻이요, (1ㅅ)의 '생각해 보자'는 생각해 보고 어떤 판단을 내리겠다는 뜻이다.

제3장

맺는 말

지금까지 의향법에 대하여 한글학회 지음 『우리말 사전』과 기타 신문 잡지 등에서 통계를 내어 지은이 나름대로는 자세히 다룬다고 노력하였다. 그러나 빠져서 다루지 못한 어미가 있을 수 있을 것이다. 그리고 혹 잘못 배정된 어미가 있지는 않을까 하는 두려움도 없지 아니하다. 만일 빠진 것이나 잘못된 부분이 발견되면 앞으로 깁고 또 고쳐 나가겠다. 그런데 여기서 하나 덧붙이고 싶은 것은 거의 모든 어미에 「-요」를 붙이면 높임이 되는 것으로 알고 말을 하는 사람이 많은데, 이것은 옳은 어법이 아니다. 「-요」는 붙여서 써야 할 경우가 있는데 무조건 붙여 사용하는 일은 삼가야 할 것이다. 특히 가정에서나 학교에서 교육을 철저히 하여 올바르고 아름다운 말을 쓰도록 하여야 할 것이다.

부록

국어의 대우법

1. 머리말

국어의 대우법은 의향법과 밀접한 관계가 있으므로 여기에서 다루기로 한다. 지금까지 대우법의 연구에 따르면 최현배 박사는 극비칭(아주낮춤), 보통비칭(예사낮춤), 보통존칭(예사높임), 극존칭(아주높임), 반말의 다섯 등급으로 나누었는데, 반말은 '해라'와 '하게'와 '하오'의 중간에 있는 말이라 하였다. 허웅 교수는 비칭(낮춤, 안높임), 보통존칭(예사높임), 극존칭(아주높임)의 세 등급으로 나누었고 그 이외의 교수들의 대우법의 분류를 보면 다음과 같다.

민현식(1984): 해체, 해라체, 하게체, 해요체, 하오체, 합쇼체
강규선(1989): 해라체, 반말체, 하게체, 하오체, 합쇼체, 하소체
한 길(1991): 극비칭, 반말, 보통비칭, 보통존칭, 극존칭, 높낮이 없음
이경우(1998): 해체, 해라체, 하게체, 해요체, 하오체, 합쇼체, 하소서체
이익섭(1999): 해라체, 해체(반말체), 하게체, 하오체, 해요체, 합쇼체(채완

　　　　　도 이와 같음)

김동언(1999): 해라체, 해체, 하게체, 하오체, 해요체, 합쇼체

윤석민(2000): 해라체, 반말체, 하게체, 하오체, 합쇼체, 하오서체, 등급
　　　　　　　없음.

김태엽(2001): 안 높임, 조금 높임, 조금 더 높임, 아주 높임

등과 같이 그 등급의 분류는 가지각색인데, 현재 쓰고 있는 고등학교 문법교과서의 분류를 보면 다음과 같다.

　합쇼체(극존칭), 하오체(보통존칭), 하게체(보통비칭), 해라체(극비칭), 해요체(보통존칭과 극존칭에 두루 쓰임), 해체(보통비칭과 극비칭에 두루 쓰임)으로 나누고 '해요체와 해체'는 비격식체라 하고 그 이외의 것은 격식체라 하였다.

　사실 대우법의 등급은 먼저 우리의 전통 예법을 알아야 한다. 오늘날, 문법 교육이 제대로 되어 있지 않기 때문에 처제를 보고 '해라'를 하고 처질부나 처질녀를 보고도 '해라'를 하는, 예법에 벗어나는 말을 하고 있으니, 어찌 교양 있는 사람의 어투라 할 수 있겠는가?

　그리고 우리말의 대우법에 격식체가 어디 있고 비격식체가 어디 있는가?

　모두가 격식이 있는 어법이다. 즉 모두가 격식체이다. 고등학교에서 이렇게 가르치니까, 요즈음 젊은이들의 어법이 제멋대로이다. 장인을 '아버지'라 하고 장모를 '어머니'라 하며 처남을 '형님'이라 하는가 하면 자기 신랑을 보고 '자기'라 하며, 처님의 댁을 '아주머니'라 하는 등의 쌍말을 하고 있으니 도덕이 안 무너질 수가 있겠는가? 예법을 모르는 지각없는 사람들의 글에서 통계를 내어 보았자

소용이 없다. 우리에게는 고유한 어법이 있으니 이것을 밝혀서 국민이 다 같이 쓰도록 교육하여야 할 것이다.

2. 선학님들의 대우법

여기서는 먼저 최현배 선생과 허웅 선생의 어법에 대한 설명을 알 보고 각 높임의 등분 하나하나에 대하여 설명하기로 하겠다.

2.1. 최현배 선생의 말대접 풀이

2.1.1. 극비칭(해라)

그 말을 듣는 사람을 아주 낮게 보고 하는 말이다(곧 어른이 아이에게 또는 지체가 높은 사람이 지체가 낮은 사람에게 하는 말이다). 이를 테면 다음과 같다.

아이가 글을 읽는다. 아이가 글을 읽느냐?
아이가 글을 읽는구나. 아이야, 글을 읽어라.
아이야 글을 읽자.

2.1.2. 보통비칭(하게)

그 말을 듣는 사람을 조금 낮게 보고 하는 말이다(곧 '해라'보다는 얼마만큼 듣는 사람을 높이는 셈이 되는 꼴을 이름이다). 이를 테면 다음과 같다.

아이가 글을 읽네.
아이가 글을 읽는가?
이 사람아, 글을 읽게.
이 사람 글을 읽세.

2.1.3. 보통존칭(하오)

그 말을 듣는 이를 높여서 하는 말이로되 높임으로서는 대단한 것이 되지 못하고, 길 가는 사람끼리 서로 말함과 같은 경우에 흔히 쓰는 꼴이니, 이를 테면 다음과 같다.

아이가 글을 읽소. 아이가 글을 읽소?
여보, 아이가 글을 읽으오! 여보, 글을 읽읍시다.

2.1.4. 극존칭(합쇼)

그 말을 듣는이를 아주 높여서 하는 어투이니 아이가 어른에게, 지체가 낮은 사람이 지체가 높은 사람에게 대하여 말함과 같은 경우에 쓰이는 꼴이다. 이를 테면 다음과 같다.

아이기 글을 읽습니다. 아이가 글을 읽습니까?
여보십시오. 글을 읽으십시오.
여보십시오. 글을 읽으십세다.

위의 말한 네 가지의 등분은 말 자체의 등급을 가른 것이어니와, 이제 만약 평교간에서 말하는이와 듣는이가 서로 한가지 등분의 말을 하는 경우에는, 그 뜻이 얼마만큼 중화가 되어서 그 높임과 낮춤의 뜻이 얼마만큼 사라지는 경향이 있다고 볼 만하다.

곧 (1) 아이들끼리는 '해라'를 쓰고, (2) 아주 무관하게 친한 벗들 사이에는 '하게'를 쓰고(이런 경우를 특히 '평교간'이라 하며, 또 '벗한다')고 하며 '하오'를 쓰고, (3) 길 가는 사람끼리 서로 '하오'를 쓰고, (4) 점잖은 사람끼리 '합쇼'를 쓰는 경우에는 그 낮춤과 높임의 뜻이 그리 특별히 말맛(어감)에 오르지 아니함과 같다. 그렇지만 만약 두 사람이 쓰는 말이 각각 그 등분이 다를 적에는, 그 높임과 낮춤의 뜻이 매우 까닭스럽게 말맛에 들어나게 된다. (5) '반말'은 '해라'와 '하게', '하게'와 '하오'의 중간에 있는 말이니 그 어느 쪽임을 똑똑히 들어내지 아니하며, 그 등분의 말맛을 흐리게 하려는 경우에 쓴다. 그러므로 반말은 극존칭 아님만은 분명하다.

위의 설명을 보면 대우법의 각 등분의 사용법을 어느 정도는 알 것 같으나 분명하지는 아니하다.

2.2. 허웅 선생의 대우법 풀이

2.2.1. 서술법

1. 낮춤(안 높임)

(가) 일러듣김: 말할이가 들을이를 높이지 않으면서, 자기의 뜻을 베풀어 일러듣기는 데 그치는 서술법의 한 아래 갈레인데, 그 일러듣기려는

정도가 강하면 때로는 명령도가 되는 일이 있다.

(나) 약속: 말할이가 들을이를 높이지 않으면서, 들을이에게 어떠한 일을
해줄 것을 약속하는 서술법의 한 아래 갈래인데, 이것은 동사에만 있
는 활용이다.

(다) 뜻 (의욕, 의도, 바람)

(라) 헤아림 (추측)

(마) 느낌

2. 보통존칭

(가) 일러 듣김-아룀

(나) 약속

(다) 뜻 (의욕, 의도, 바람)

(라) 헤아림

(마) 느낌

3. 극존칭

「-습…」의 쓰임,

「-답니다/랍니다」, 「-습네다/ㅂ네다」, 「-올습네다」, 「-으이다」, 「-나이
다」, 「-소이다/으소이다/을소이다」, 「-올시다」

등으로 되어 있다. 허웅 교수는 전통 대우법을 떠나서 현실 언어를
바탕으로 통계를 내어 설명하고 있다. 다시 말하면 극비칭과 보통
비칭은 낮춤으로 하고 보통존칭과 극존칭은 그대로 인정하는 체계
가 된다. 이와 같은 체계는 현실적인 언어생활과 맞지 않는 면이
있다. 낮춤에도 구별이 있기 때문이다.

3. 국어의 대우법

우리나라는 전통적으로 신분에 따라 말대접하는 방법이 여러 가지로 되어 있다. 우리의 대우법은 집안에서 쓰는 집안어법과 사회에서 남남끼리 하는 남남어법의 두 가지가 있으나 편의상 이들을 하나의 체계로 세워 다루기로 하겠다. 사회에서 어른을 높이어 공경스레하는 어법을 공경말이라 하고 처질녀, 처질부, 고종의 며느리 등에 대하여 삼가는 어법을 삼가말이라고 하며, 사회에서 성근 사람끼리 하는 어법을 성근말이라고 한다. 그리고 형제 및 선후배 사이, 부부 사이, 손아래 사람에 대하여 하는 어법은 말대접할 사람에 따라 예사 높여서 하는 어법과 예사 낮추어서 하는 어법과 아주 낮추어서 하는 어법 및 반어법 등이 있는데 이들 어법을 친근말이라 한다. 이를 표로 나타내면 다음과 같다.

국어의 대우법은 형태적 방법, 통어적 방법, 어휘적방법의 세 가지가 있다.

3.1. 형태적 방법에 의한 대우법

여기서는 앞에서 합쇼체, 삼가체, 해요체, 하오체, 하게체, 하라체, 해체에 대한 어미를 자세히 설명하였으므로 이들 말이 어떤 경우에 쓰이는가에 대하여 설명하기로 한다. 왜냐하면 현재, 대우법을 제대로 모르는 사람이 너무도 많기 때문이다.

3.1.1. 합쇼체

합쇼체로 하는 말을 공경말이라 한다. 공경말은 할아버지, 할머니, 아버지, 어머니, 큰아버지, 작은아버지, 큰어머니, 작은어머니, 아저씨(외아저씨), 고모아저씨, 이모아저씨, 장인, 장모 사회에서 손위어른, 기관장, 선생에게 대하여 하는 말이다. 요즈음 고등학교 문법 교과서에서 반말과 「-어요/-아요」 등을 비격식체라 하고 「-어요/-아요」는 어른이나 보통존칭의 경우에도 쓴다 하였으나 그것은 잘못이다. 우리말의 대접법에는 모두가 격식이 있으며 비격식체는 없다. 예를 들면

(1) ㄱ. 아버지 돈 줘요.

　　ㄴ. 선생님 어디 가요.

　　ㄷ. 아버지 어디 가나요?

(1ㄱ~ㄷ)은 모두가 잘못된 말이다. 이런 식으로 말하면 아버지와 선생님은 제 친구격밖에는 되지 않는다. 다음과 같이 말하여야 올바른 말이 된다.

(2) ㄱ. 아버지, 돈 주세요.

아버지, 돈 주십시오.

ㄴ. 선생님, 어디 가세요.

선생님, 어디 가십니까?

ㄷ. 아버지 어디 가세요?

아버지 어디 가십니까?

위의 (1)은 교양 없고 예법 모르는 사람이 쓰는 말이요. (2)는 예법을 제대로 알고 하는 말이다.

3.1.2. 삼가체

삼가체는 삼갈 자리에 쓰는 어법이다. 처제, 처형, 처질부, 처질녀, 처질녀의 며느리, 고종의 며느리, 외종의 며느리 등에 대하여 하는 어법이다. 이들은 모두 여자로서 남이기 때문이다. 요즈음 예법을 잘 모르는 사람들은, 처제, 처질녀, 처질부 외종의 며느리, 고종의 며느리에 대하여 예사로 해라체를 쓰는데, 이는 아주 큰 실례를 하는 일이다. 요즈음은 보통존칭으로 하여도 괜찮을 듯하다. 예를 들면 다음과 같다.

(1) ㄱ. 처질부, 안녕하세요. 고모아저씨, 잘 계셨습니까?

나는 오늘 서울에서 왔습니다.

ㄴ. 처제, 잘 계셨어요? 형부 오셨습니까?

나는 서울에서 조금 전에 왔습니다(왔어요).

위의 경우 이외에 고종의 며느리, 외사촌의 며느리, 처제의 며느리, 처질부의 며느리에 대하여는 특별한 호칭이 없기 때문에 서로 대하여 말할 때, 예사 높여서 말하면 될 것으로 보인다.

3.1.3. 해요체

'성근말'이란 친밀하지 아니한 사이에 주고받는 말이다. 이때의 어미는 「-요」를 사용한다. 어른이 젊은이를 보고 하는 말이다. 그리고 남남끼리도 쓸 수 있다.

(1) ㄱ. 학생, 서대문으로 가려면 어느 길로 가야 하나요?

　　ㄴ. 실례합니다. 남대문 시장으로 가려면 어떻게 가면 되지요?

　　ㄷ. 이것을 무엇이라 하나요?

3.1.4. 하오체

이것은 '친근말'에 속하는데 보통존칭에 해당된다. 이 말은 나이 적은 집안 아제(아저씨), 나이 어린 할아버지뻘 되는 이들에게, 아우가 형에게, 후배가 선배에게, 이 하오체를 쓸 수 있다. 또 사회에서 말할이와의 여러 가지 관계로 보아 쓸 수 있다.

(1) ㄱ. 아저씨 어디 가오?

　　ㄴ. 모두, 이것을 드시오.

　　ㄷ. 형은 왜 늦었소?

3.1.5. 하게체

듣는이를 '자네'라고 하면서 말의 종성이 '-네', '-게', '-가'로 끝나는 말을 '하게말'이라고 한다. 이 말은 형이 아우에게, 장모가 사위에게, 누나가 동생에게, 오라버니댁이 시누이에게, 며느리 끼리, 그 위가 아래에게, 종숙이 종질에게, 시외삼촌 내외가 생질부에게 써야 하는 어법이다.

(1) ㄱ. 동생은 잘 지내는가? (누나가 동생에게)

ㄴ. 자네는 요즈음 어떠한가? (형이 아우게게)

ㄷ. 오늘, 시장에 안 가는가? (손위 동서가 손아래 동서에게)

ㄹ. 박서방, 오는가! (장모가 사위에게)

3.1.6. 해라체

이 말은 아들, 딸, 며느리, 손자, 손녀, 손부, 조카, 질녀, 질부, 종손, 종손녀, 종손부, 종질녀, 재종질, 재종질녀에게, 친한 친구 사이에, 선생이 제자에게 사용하는 말하기이다.

(1) ㄱ. 질부야, 이리 오너라

ㄴ. 손부야, 물 좀 다오

ㄷ. 조카야, 무엇하러 가느냐?

ㄹ. 얘야 일찍 자거라.

3.1.7. 해체

이 말의 어미는 「아/-어」, 「-지」, 「-고」, 「-거든」 등으로 하는 말이다. 이 말은 부부 사이에 쓰는 것이 일반적이다. 또 친한 친구 사이에도 쓸 수 있다. (이에 대하여는 앞에서 자세히 설명하였음.)

(1) ㄱ. 신랑이: 자고 일어나니, 가슴이 답답해.

ㄴ. 아내가: 잠자리가 편지 않으면 그런 수가 있어.

ㄷ. 아내가: 병원에 한번 가보지.

ㄹ. 신랑이: 안 갈거야.

ㅁ. 박선생: 어디 가아?

3.2. 통어적 방법에 의한 대우법

이에는 주체존대법이 있다. 이것은 엄밀히 말하면 형태적인 대우법이다. 그러나 활용법과는 달리 비종결어미라는 까닭에서 주어와 서로 조응 관계에 있기 때문에 이렇게 제목을 붙여 보았다. 이 「-시-」는 주어가 집안의 어른이거나 선생, 대통령과 같은 지위가 높은 이가 될 때에 쓰인다.

(1) ㄱ. 할아버지께서 서울에 가셨다.

ㄴ. 아버지는 매일 운동을 하신다.

ㄴ. 대통령께서 이렇게 말씀하셨디.

이 「-시-」는 비종결어미 중에서 제일 앞에 온다. 즉 어근 바로 다음에 쓰이는 것이 특징인데 으뜸서술어와 의존서술어가 같이 쓰이는 문장에서는 그 쓰이는 자리가 다르다. 이것을 말해 보면 다음과 같다.

1. 주어에 관계없이 의존서술어에 '-시'가 오지 않는 경우
1) 가능의존동사 중 '-되다'에는 '-시-'가 안 옴
2) 당연의존동사 '-하다'에는 '-시-'가 안 옴

(1) ㄱ. 아버지는 서울에 가시게 되었다.

　　 ㄴ. 선생님은 미국에 가시게 되었다.

　　 ㄷ. ㉮ 선생님은 서울에 가셔야 한다.

　　　　 ㉯ 선생님은 서울에 가셔야 합니다.

2. 주어에 따라 '-시-'가 오기도 하고 안 오기도 하는 경우
1) 사동의존동사: -하다, 만들다
2) 소유의존동사: -가지다
3) 부정의존동사: 아니하다, 못하다, 말다

(1) ㄱ. 선생님은 아버지께 이유서를 쓰시게 하셨다.

　　 ㄴ. 나는 선생님을 잘 가시게 하였다.

　　 ㄷ. 선생님은 내가 잘 되게 하셨다.

(2) ㄱ. 선생님은 아버지가 잘 되시게 만드셨다.

　　 ㄴ. 아버지는 그 일을 잘 되게 만드셨다.

　　 ㄷ. 나는 선생님이 잘 가시게 만들어 드렸다.

3. '-시-'가 의존동사에 오는 경우

1) 진행의존동사: 가다

2) 완료의존동사: 나다, 내다, 버리다

3) 봉사의존동사: 주다, 비치다('드리다'는 그 자체가 높임말 이므로 '-시-'가 오지 않음.)

4) 시도의존동사: 보다

5) 강조의존동사: 쌓다

6) 두기의존동사: 놓다, 두다

7) 가식의존동사: 체하다, 양하다, 척하다

8) 될뻔함의존동사: 뻔하다

(1) 아버지께서는 가지 않으신다(못하신다)[옷을 입지 않으신다].

(2) 아버지는 이 일을 잘 처리해 가신다.

(3) ㄱ. 아버지는 그 어려움을 견디어 나셨다(내셨다).

　　ㄴ. 아버지는 그것을 철이에게 주어 버리셨다.

(4) ㄱ. 아버지는 그를 도와 주셨다.

　　ㄴ. 아버지는 그 일을 나라에 일러 바치셨다.

(5) 아버지는 이것을 한 번 들어 보셨다

(6) 아버지는 공연히 아이들을 꾸짖어 쌓으신다.

(7) 아버지는 이것을 받아 놓으셨다.

(1)~(7)에서 보면, 각 문장의 주어인 '아버지'의 동작이 의존동사에 모두 관계하므로 '-시-'는 의존동사에 쓰이게 되었다. 물론 '아버지'의 동작이 으뜸동사에도 관여할 수 있으나, 우리의 말버릇이 이런 경우는 '-시-'는 의존동사에만 쓰어야 한다.

3.3. 어휘적 방법에 의한 대우법

어휘적 방법에 의한 대우법에는 주체높임법과 객체높임법이 있다.

3.3.1. 주체높임법

'-시' 이외의 낱말로써 주어(주체)를 높이는 법을 어휘적 방법에 의한 주체높임법이라 한다.

(1) ㄱ. 할아버지께서 집에 계신다.

ㄴ. 할아버지께서 지금 주무신다.

ㄷ. 할아버지께서 진지를 잡수신다.

ㄹ. 아버지께서 약주를 자주 드신다.

주어를 높이는 명사, 조사, 동사에는 각각 다음과 같은 말들이 있다.

높임명사	높임조사	높임동사
말씀, 병환	께서	계시다
진지, 치아	께옵서	주무시다
약주, 염		잡수시다, 잡숫다, 자시다
안력		
연세, 춘추		돌아가시다, 분부하시다

위 표의 말들은 문장의 짜임새 여하에 따라서는 객체높임법에도 쓰일 수 있다. 다만, 조사 '께서', '께옵서'에 의한 말대접은 어휘적이라 하기보다 형태론적 처지에서는 곡용법에 의한 말대접이라 하여

야 한다.

3.3.2. 객체높임법

문장에서 목적어나 위치어를 객체라 하고, 높임의 낱말이나 겸사의 낱말에 의하여 객체를 높이는 법을 객체높임법이라고 한다. 다만 조사 '께서', '께옵서'에 의한 것은 곡용법에 의한 대우법이다. 이때의 객체도 손위 어른에 한한다.

(1) ㄱ. 아버지께 진지를 드린다.
   ㄴ. 할아버지께 이 말씀을 여쭈어라.
   ㄷ. 나는 선생님을 찾아뵈었다.
   ㄹ. 나는 아버지를 모시고 있다.

위에서 조사 '께'에 의한 객체높임법은 곡용법에 의한 대우법이요. '-님'에 의한 것은 파생법에 의한 대우법이다.

3.3.3. 겸양법

말할이가 스스로를 낮추어 말함으로써 들을이를 높여 대접하는 법이다. 따라서 이와 같은 대우법을 말할이 낮춤법이라 한다. 종래는 겸양법이라 하였다.
이 대우법은 겸양 비종결어미 '잡, 자웁, 자오', '십, 사오', '습', '으웁, 으오' 등에 의하여 이루어진다.

(1) ㄱ. 아버지 제가 가겠사오니, 기다려 주시옵소서

　　ㄴ. 아버님 하서를 받자오니 기쁘기 한량 없사옵니다.

　　ㄷ. 말씀 듣자옵고 어쩔 바를 몰랐습니다.

　　ㄹ. 아버님 말씀만 믿사옵고 있사옵니다.

　　ㅁ. 이제 저는 가오니 안녕히 계시옵소서

(ㄱ~ㅁ)에서 보듯이 겸양 비종결어미의 쓰이는 경우를 보면 다음과 같은데, 이들 비종결어미가 쓰일 때의 주어는 반드시 '제'가 되어야 한다.

1. 「-잡/-자읍」
어근의 받침이 'ㄷ, ㅈ, ㅊ'이고 파열자음으로 시작되는 연결어미 앞에 쓰이기도 하고 「-나이다/-니다」와 같은 어미 앞에 쓰이기도 한다. 그리고 이에는 비종결어미 「-았/-었-」, 「-겠-」 등은 쓰이지 못한다.

(1) ㄱ. 선생님의 말씀을 쫓잡고자 애쓰고 있사옵니다.

　　ㄴ. 아버님 하서 받잡고 기쁘기 한량없나이다.

　　ㄷ. 고향 소식 자주 듣자옵나이다.

2. 「-자오-」
어근의 받침이 'ㄷ, ㅈ, ㅊ'이고 연결어미 「-니-」 앞에 쓰인다. 이에도 「-잡/잡옵-」의 경우과 같이 「-았/었-」, 「-겠-」이 쓰이지 못한다.

(1) ㄱ. 말씀을 듣자오니 저의 잘못인가 하옵니다.

ㄴ. 글월 받자오니 기쁘기 한이없나이다.

'-자옵'계가 쓰이는 동사로는 '듣다, 받다' 등이 많이 쓰인다.

3. 「-삽/-사옵-」

어근의 받침이 'ㄷ, ㅆ, ㅈ, ㅊ'이거나 기타 자음이고 파열자음으로 시작되는 연결어미 앞이나 「-니다」, 「-나이다」와 같은 어미 앞에 쓰인다.

(1) ㄱ. 아이는 밥을 먹었사옵(삽)고 어른은 죽을 드셨사옵니다.

ㄴ. 하나님 아버지를 믿사옵나이(니)다.

ㄷ. 요즈음은 좋은 일도 잦사옵고, 집안도 차차 정리되어 가옵니다.

4. 「-사오-」

어근의 받침이 'ㄷ, ㅆ, ㅈ, ㅊ'이거나 기타 자음이고 「-니」로 시작되는 연결어미 앞에 쓰인다. 그리고 이에는 「-았/었-」, 「-겠-」이 쓰인다.

(1) ㄱ. 그들은 잘 지냈사오니 안심하옵소서.

ㄴ. 밥도 잘 먹사오니 안심사옵소서.

ㄷ. 제가 그를 믿겠사오니 그리 아옵소서.

ㄹ. 제가 그를 좇사오니 잘 인도히여 술 것이옵니다.

ㅁ. 옷이 젖사오니 조심하시기 바라옵니다.

5. 「-습-」
자음이 받침인 어근 다음에 쓰인다.

(1) ㄱ. 돈을 많이 받습니다.
    ㄴ. 저는 잘 있습니다.
    ㄷ. 우리는 그를 찾습니다.

6. 「-으옵-」
모음 및 모든 자음으로 끝나는 어근 뒤에 쓰인다.

(1) ㄱ. 가옵니다.
    ㄴ. 가옵나이다.
    ㄷ. 받으옵나이다.

7. 「-으오-」
'가오니, 받으오니' 등과 같이 연결어미 '-니' 앞에 쓰인다.
  말을 하는 이 낮춤법은 글말에서, 특히 상대를 극히 존중하게 말 대접해야 할 경우에 쓰이고 입말에서는 별로 쓰이지 않는다.

4. 맺음말

  글쓴이는 '부록'에서는 의향법에 관하여 지금까지 조사되지 않았던 어미를 가능한 한 다 찾아내어 다룬다고 다루었다. 사전을 비롯하여 신문, 잡지 등은 물론 글쓴이가 아는 사투리로 봄 직한 것도

다 다루었다. 그러나 또 빠진 것이 있을 가능성이 있다. 왜냐하면, 요즈음은 하도 빨리 말이 바뀌고 있기 때문이다. 사실 의향법은 그것이 바로 우리의 대우법이다. 그러나 오늘날, 우리 겨레는 어떠한 경우에, 또는 누구에게 어떤 등급의 말을 하여야 예의에 어긋나지 않는가를 모르고 마구 말을 하기 때문에 '부록'에서 우리의 대우법에 대하여 설명하였다. 사실 '부록'에서 다룬 것은 학문적이라기보다는 우리가 알아야 할 상식적인 것이라 할 수 있으나, 의향법의 용법을 모르면 우리 국어를 모르는 것이 되기 때문에 학문의 일부로서 손색이 없을 것으로 판단되어 가능한 자세히 다룬다고 노력하였으나 충분하지는 못할 것이다. 용법을 알아야 올바른 말을 할 수 있다. 종래의 문법책에는 그 용법은 전혀 다루지 아니하였기 때문에 오늘날 우리말의 혼란이 야기된 것이다. 지식인이면 호칭법도 제대로 알아야 한다.

참고문헌

권재일(1992), 『한국어 통사론』, 민음사.

김종택(1981), 「국어대우법체계를 재론함 청자 예우를 중심으로」, 『한글』
　　　　172호.

리의도(1990), 『우리말 이음씨끝의 통시적 연구』, 어문각.

박지홍(1992), 『우리현대말본』, 과학사.

서태룡(1988), 『국어 활용어미의 형태와 의미』, 탑출판사.

여증동(1985), 『한국가정언어』, 시사문화사.

유목상(1985), 『서울연결어미』, 집문당.

정인승(1959), 『표준고등말본』, 신구문화사.

최현배(1983), 『우리말본』(열 번째 고쳐 펴냄), 정음문화사.

허웅(1995), 『우리말의 형태론』, 샘문화사.